WOODEN
PEN 우든펜 바이블
TURNING

WOODEN PEN TURNING

혼자서 쉽게 만드는
우든펜·우든샤프 가이드
우든펜 바이블

한국우든펜연구회(정석진, 신병수 외) 지음

나무가 가진 결로 만든
단 하나의 펜

우든펜(wooden pen)은 나무를 이용하여 만들어진 펜 또는 샤프를 말합니다. 우든펜을 깎는 것을 영어로는 Pen Turning이라고 하는데, 보통은 회전 공구인 목선반(wood lathe)을 사용하여 깎는 것을 말합니다. 목선반이 아닌 조각도나 칼을 이용하여 만들기도 하나 일반적인 의미의 우든펜은 목선반을 이용하여 펜을 만드는 것이라고 할 수 있습니다.

우든펜은 나무가 가진 다양하고 화려한 무늬를 이용하여 세상에 단 하나밖에 존재하지 않는 펜을 만든다는 점에서 그 의미가 있습니다. 우든펜이 상업적으로 제조되어 판매되기 시작한 시점은 대략 1980년대 후반으로 알려져 있습니다. 우든펜 전문 업체인 대만의 DAYACOM 사 홈페이지에 따르면 1989년부터 우든펜 키트를 디자인하고 상업적으로 판매하기 시작하였다고 합니다. 일부 외국 서적에 따르면 영국에서 최초로 판매가 되었다고 하네요.

국내에 우든펜을 만드는 방법이 소개된 시점은 정확하지 않습니다. 다만 확실한 것은 약 10년 전 쯤인 2000년대 초반에 우든펜이 소개된 이후로, 우든펜에 대한 관심이 꾸준히 높아지고 있으며 직접 만들어보려는 사람이 나날이 증가하고 있다는 사실입니다. 국내 우든펜의 역사는 외국에 비하면 짧은 것이 사실이지만 제도샤프 스타일의 우든펜을 제작하는 방법은 입문자들에게 일반적인 통과의례로 자리 잡혀 있고, 이를 통해 비교적 쉽고 빠르게 우든샤프를 제작할 수 있어 이제 목공의 한 분야로 자리매김한 것만은 분명합니다.

우든펜의 가장 큰 장점은 목공에 대한 기본 지식이 없어도 쉽게 따라할 수 있다는 것입니다. 물론 목공에 대한 기본 지식과 기술이 갖춰진 사람이라면 우든펜을 제작함에 있어서 좀 더 빠르게 기술을 습득하고 응용 능력을 갖출 수 있습니다. 하지만 일반적인 목공 지식은 필수요건이 아니므로 도전정신과 의지만 있다면 우든펜을 만드는 것은 누구나 도전할 수 있습니다.

실제로 우든펜을 만들기 위한 교육들이 1일 과정으로 많이 시행되고 있습니다. 우든펜을 먼저 만들어본 지인들로부터 몇 시간의 기본 강의를 받고 만들기 시작하는 분들이 많습니다. 그러나 우든펜을 만들려면 여러 가지 공구 및 물품들이 필요하고, 이를 세부적으로 잘 숙지하여야 하므로 결코 몇 시간 안에 끝낼 수 있는 것은 아닙니다. 온라인상의 많은 커뮤니티에서 초보자 또는 입문자들이 묻는 유사한 질문 및 시행착오들은 바로 이러한 상황에서 기인하는 것입니다.

그래서 한국우든펜연구회는 이 책의 목적을 기본 강의를 받고 직접 우든펜을 제작하려고 하거나 기본 강의를 받기 어려운 상황에서 독학으로 우든펜을 만들고자 하는 분들을 위한 기본적인 길라잡이로 삼고자 합니다. 사실 이 책에서 소개하는 우든펜을 만드는 방법은 현재 우든펜 터닝의 모든 방법을 대표하거나 절대적인 것은 아닙니다. 날이 갈수록 다양한 우든펜 제작 방법 및 기술이 나타나고 있기 때문에 이를 모두 설명한다는 것은 어려움이 있습니다. 이 책에서 소개하는 우든펜 제작 방법은 가장 일반적인 방법이거나 한국우든펜연구회가 시행 중인 방법입니다.

이 밖에 우든펜을 깎기 위한 기본적인 공구들을 준비하는 방법과 도구 사용법, 그리고 제도스타일의 우든샤프와 기본 슬림펜을 깎는 방법을 터득한다면, 어떠한 종류의 우든펜도 만들 수 있는 기본기를 갖추게 될 것입니다.

자, 그럼 이제 우든펜 터닝의 세계로 떠나볼까요?

© 최한주

© 김창중

© 정석진

© 최한주

Thanks to...

우득 정석진

지난 2013년 6월 한국우든펜연구회 회원들을 대상으로 '우든펜 교실' 일일 강좌를 진행하면서 '가르치면서 배운다!'는 진리를 새삼 깨달았습니다. 우든펜을 만들고 싶어서 전국 방방곡곡에서 찾아오겠다는 회원 분들이 없었다면 아마 이 책은 세상에 태어나지 못했을 것입니다. 목선반의 수량이 한정되어 있어 인원 추가가 어렵다고 하자 본인의 목선반을 들고 오겠다는 분의 열정에 놀라 하나라도 더 가르쳐 드리고픈 마음이 싹텄고, 그때부터 멀리서 찾아오지 않더라도 혼자서도 충분히 배울 수 있는 책이 있으면 좋겠다는 생각을 하게 되었습니다. 그 생각의 씨앗이 결실을 맺어 1년 여의 준비 끝에 우든펜의 입문서를 내놓게 되었습니다. 목수도 아닌 사람이 취미로 하는 우든펜 터닝을 책으로 펴내려니 시간적으로나 육체적으로나 많이 힘들었지만, 회원 여러분의 지식과 노하우가 모이니 결코 불가능한 일은 아니더군요. 아직 부족한 부분이 많지만 최선을 다해 준비하였으니, 많은 관심과 의견주시면 향후에 반영하여 좀 더 나은 입문서가 될 수 있도록 하겠습니다. '한국우든펜연구회' 회원을 비롯하여 도움을 주신 모든 분께 감사의 말씀을 드립니다.

얼음 신병수

짜맞춤 가구 만들기에 빠져 있던 시기에 우연히 접하게 된 우든샤프는 매우 큰 충격을 주었습니다. 그리곤 곧 만들기 쉽고, 빠르고, 누군가에게 선물하기 좋은 우든펜의 매력에 빠져들게 되었습니다. 그러다 보니 필요한 물품들을 하나하나 구입하게 되었고 이젠 꽤 많은 우든펜 관련 물품들이 제 옆에 있습니다. 저는 우든펜에 대한 확실한 정보와 가이드가 없던 시기에 시작했던 터라 중복된 투자도 많았고 시행착오도 꽤 많이 거쳤습니다. 그것이 '한국우든펜연구회'를 만든 계기가 되었고, 지금도 이곳에서 많은 분들이 궁금증을 해결해가고 있어 보람을 느낍니다. 대다수의 초보자들이 궁금해 하는 우든펜 제작 관련 문제는 한국우든펜연구회 카페뿐만 아니라 관련 사이트에서 검색해보면 대부분 해결할 수 있습니다. 하지만 인터넷에 익숙하지 않은 분들이 아직 많고, 인터넷으로 검색해도 잘 찾을 수 없는 문제들도 상당하여 한편으론 잘 만들어진 입문서 하나 있었으면 하는 바람이 있었습니다.
혼자였다면 엄두도 못 냈을 일이지만 한국우든펜연구회 회원 여러분의 도움을 받으면 충분히 가능하단 생각으로 우득 님과 함께 이 책을 준비하기 시작했습니다. 1년 여의 긴 시간이었지만 원고가 나오기까지 지치지 않고 격려해주신 오름 님과 초록비 편집장님께 큰 감사를 드립니다. 물심양면으로 도움을 주신 회원 여러분께도 감사 인사를 올립니다.

Contents

- 나무가 가진 결로 만든 단 하나의 펜   4
- Thanks to...   7

PART 1

우든펜 터닝을 위한 사전 준비

목선반 고르기	14
목선반칼 고르기	18
맨드럴과 맨드럴 보호대 고르기	21
블랭크 고르기	24
드릴프레스 및 목선반척 고르기	35
드릴비트 고르기	39
접착제 고르기	42
배럴트리머 고르기	45
샌딩페이퍼 고르기	47
마감제 고르기	50
펜키트 고르기	54
펜프레스 고르기	60
기타 준비물 준비하기	62
우든펜, 어디에서 배우고 만들 수 있을까요?	73
드릴비트, 한 번에 준비하기	74

PART 2

목선반과 목선반칼 사용방법 익히기

목선반의 이모조모	78
목선반 사용법	82
목선반칼 사용법	89
목선반칼 연마법	96
환칼 전용 숫돌 만들기	102
당신은 어떤 유형의 펜터너입니까?	103

PART 3

우든샤프 만들기

1단계 : 블랭크 천공하기	106
2단계 : 목선반에서 터닝하기	118
3단계 : 샌딩 및 마감하기	129
4단계 : 우든샤프 조립하기	132
샤프클립 끼우개 만들기	137
우리나라의 우든펜 역사	140

PART 4

우든펜 만들기

1단계 : 블랭크 재단 및 천공하기	146
두 번에 걸쳐 안전하게 천공하기	155
2단계 : 황동관 삽입과 트리밍	156
3단계 : 목선반에서 터닝하기	168
4단계 : 샌딩 및 마감하기	172
5단계 : 우든펜 조립하기	178
트리머날 연마하기	181
주요 펜키트별 도면	183

PART 5

우든샤프&우든펜 응용하기

링 샤프 만들기	192
클립 없는 우든펜 만들기	195
우든펜 터닝 시 저지르기 쉬운 실수 총집합	199
우든펜의 화려함을 보여준 집성펜	204
나무의 무늬와 색감을 살린 우든샤프 컬렉션	210
맨드럴 보호대를 만들게 된 이유	216

PART 1

우든펜 터닝을 위한 사전 준비

우든펜을 만들려면 여러 가지 기계공구와 물품들을 준비하여야 합니다. 그런데 준비물을 구입하려면 어떤 것을 준비해야 할지 고민을 하게 되지요. 관련 인터넷 카페를 찾아 물어보곤 하지만 각자 자신이 경험한 바를 들려주는 것이라 결정에 고민을 더하기는 매한가지입니다.

그래서 이번 단원에서는 우든펜 터닝을 위한 사전 준비물은 어떤 것이 있는지 일목요연하게 살펴보면서 우든펜 만들기의 첫 걸음을 떼려 합니다.

일단 목선반을 이용하여 우든펜 터닝을 할 것이니, 가장 중요한 것은 목선반일 것이고 이외에 필요한 공구와 물품을 어떻게 준비하느냐가 이번 시간에 여러분이 꼼꼼히 살펴볼 내용입니다.

다른 목공 분야와 달리 우든펜은 하루 정도 강좌를 듣고 습득을 하게 되면, 어느 정도 직접 만들 수 있다는 자신감이 생깁니다. 그러나 정작 문제는 펜을 만들기 위해 필요한 공구와 물품들을 어떻게 구입하고 준비하는지 알 수가 없다는 데 있습니다. 이에 대해서 가르쳐주는 곳도, 체계적으로 정리되어 있는 정보도 찾기 어려운 상황이니까요.

그래서 준비했습니다. 우든펜 터닝을 위한 사전 준비. 필요한 준비물들을 비교설명하고, 각 준비물별로 연계하여 준비해야 하는 물품을 안내하여 좀 더 쉽게 우든펜에 입문할 수 있도록 도와드리겠습니다.

우든펜 제작에 가장 필요한 목선반

우든펜 터닝을 위한 사전 준비 | 13

기타 우든펜 제작에 필요한 물품

목선반 고르기

목선반은 펜이나 조그마한 봉을 가공하는 소형 목선반부터 커다란 접시 또는 그릇 등을 가공할 수 있는 대형 목선반까지 다양합니다. 대형 목선반은 국내에서 생산되는 제품을 비롯하여 여러 가지 브랜드가 있으나 펜을 터닝하는 데 있어서는 크기와 가격 모두 그다지 적합하다 볼 수 없습니다.

우든펜을 터닝하기 위해서는 소형 또는 중형 목선반이 일반적으로 사용되는데, 해외 브랜드인 JET가 국내에서는 가장 널리 알려져 있습니다. JET 이외에도 Delta, Oliver 등의 브랜드와 중국산 저가형 목선반도 최근에 많이 공급되고 있는 추세입니다.

소형 목선반 역시 종류가 다양하고, 브랜드 및 가격에 따라서 품질의 차이가 존재하므로 자신에게 맞는 제품을 선택할 필요

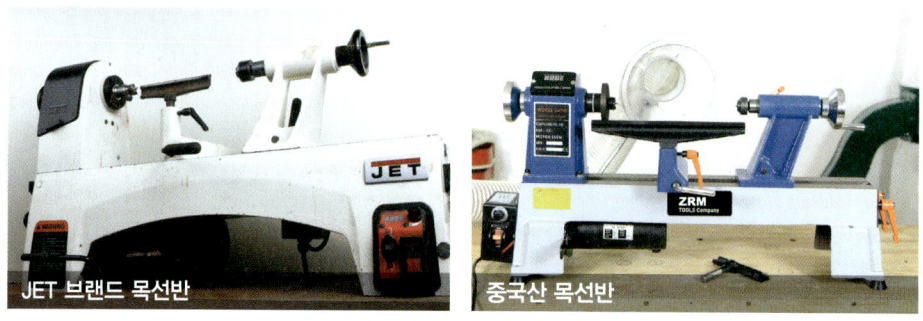

JET 브랜드 목선반   **중국산 목선반**

우든펜 제작에는 대형 목선반보다는 소형 또는 중형 목선반이 적합합니다.

가 있습니다. 국내에서 목선반을 구입할 수 있는 곳은 송부장목공기계(JET), 코스타(Oliver), 흥화목공기계(Delta) 등이 있으며, 기타 중국산 목선반은 온라인상에서 검색하여 구입할 수 있습니다.

목선반을 구입하려면 다음과 같은 점을 고려하여야 합니다.

- 작업용도 : 우든펜 정도 만들 수 있는 소형 목선반이 좋을까? 접시, 그릇 등 다양하게 만들 수 있는 목선반이 좋을까?
- 가격 : 기왕 사는 거 최고급 품질이 좋을까? 아니면 비교적 저렴한 가격에 적정한 품질이 좋을까?
- 속도조절 : 속도조절 기능이 나에게 필요한 기능일까?
- MT1 vs MT2 : 맨드럴의 아바의 규격은 어떤 것을 선택해야 할까?

작업용도 | 우든펜을 통해서 목선반을 접하고 나면, 일반적으로 나무로 만든 접시나 그릇에 관심을 가지는 경우가 많습니다. 이런 경우에 대비하여 처음부터 아주 작은 소형 목선반을 준비하는 것보다 중형에 가까운 목선반을 준비하는 것이 나을 수 있습니다. 물론 소형 목선반을 구입하여 어느 정도 목선반 사용법에 익숙해지면 그때 중형 목선반으로 바꾸어도 됩니다. 소형 목선반은 국내 공급이 그다지 원활하지 않기 때문에, 원하는 시점에 신제품을 구입하기 어려우므로 신제품을 구입할 것인지, 중고제품을 구입할 것인지 고려해야 합니다.
목선반은 기계 소음이 그다지 크지 않기 때문에 아파트 생활을 하는 분들도 베란다 등에 설치하곤 합니다. 따라서 설치할 장소를 고려하여 목선반의 크기를 결정하도록 하는 것이 좋습니다.

목선반 구입처
- 송부장목공기계 : 다음카페
  (http://cafe.daum.net/song090909)
  또는 인터넷 쇼핑몰
  송부장목공기계
  (http://www.ssong09.com/)
- 코스타(KOSTA) :
  http://www.mykosta.co.kr/
- 흥화목공기계 :
  http://www.hwmall.net
- ZRM : http://www.zrm.co.kr

가격 | 우든펜의 품질을 좌우하는 것은 개인적인 능력, 숙련도, 공구 등 여러 가지가 있을 수 있습니다. 이 가운데 공구는 목선반의 품질과 목선반칼의 예리함 등과 중요한 상관관계를 가지므로 소형 목선반이라 하더라도 브랜드 및 사양에 신중해야 할 것입니다. 그러나 브랜드 및 사양에 따라 가격차이가 많이 나므로 무턱대고 최고급 브랜드와 사양을 선택할 수만은 없을 것입니다. 소형 목선반 중에서는 Delta, JET 등의 제품이 정밀도 및 품질이 비교적 뛰어나며 가격도 높은 편입니다. 목선반의 품질을 논할 때 거론되는 부분은 목선반의 주축과 심압대의 라이브센터가 얼마나 잘 일직선으로 일치하느냐인데, Delta, JET 등의 제품은 이러한 부분에서 우수한 것으로 알려져 있습니다. 하지만 저가형 목선반이라 하더라도 이러한 점을 꼼꼼히 살피다 보면 우수한 제품을 찾을 수 있을 것입니다.

속도조절 기능 여부 | 최근 제조되는 목선반은 속도조절 기능이 기본으로 부착된 것이 많습니다. 목선반은 대체로 3단 이상의 기어 변속을 통해 속도조절이 가능하나 여기에서 말하는 속도조절 기능은 기어 변경을 통하지 않고 간단하게 조절하는 기능을 의미합니다. 목선반에 속도조절 기능이 있는지 여부를 고민해야 하는 이유는 샌딩, 마감 등의 작업 시 목선반 회전 속도를 저속에서 하는 것이 편리하기 때문입니다. 물론 속도조절이 되지 않더라도 샌딩이나 마감을 할 수 있고, 또 나중에 별도로 속도조절기를 부착하여 사용하는 경우도 있습니다. 나중에 설명하겠지만 나무(블랭크)에 천공을 하기 위해 목선반을 사용하는 경우가 있는데, 이 경우 속도조절 기능 없이 기어변속을 하는 방법은 꽤 많은 시간이 걸립니다. 천공을 위한 별도의 공구 구입여부와 목선반의 속도조절 기능 유무는 함께 고려해야 할 것입니다.

맨드럴의 규격 MT(Morse Taper)는 목선반에서 동력을 전달하는 부위(주축)의 소켓 부분에 해당하는 사이즈를 의미합니다.

맨드럴의 규격 | 목선반은 사용되는 맨드럴의 규격*에 따라 MT1 규격의 아바를 사용하는 목선반과 MT2 규격의 아바를 사용하는 목선반으로 구분됩니다. MT1은 최근 그 사용자가 매우 적고 이와 관련한 부품을 구하는 것이 매우 어려운 형편입니다. 실제 신상품의 공급도 거의 이루어지지 않고 있습니다. 게다가 중고제품의 경우 목선반 가격은 낮은 편이지만 부속부품들이 비싸 그 효과를 얻기 어려우므로 중고제품을 구입하고자 고려 중이라면 MT1 규격의 목선반은 지양하도록 합니다.

결론적으로 우든펜 제작을 위한 목선반은 비교적 정밀도가 있으며, 속도조절 기능도 구비한 MT2 사이즈의 목선반을 선택하는 것이 바람직하다고 볼 수 있을 것입니다.

목선반칼 고르기

목선반을 어떤 것으로 구입할지 결정하고 나서 생기는 다음 고민은 바로 목선반칼입니다. '난 우든펜만 할 거니까 우든펜 전용 미니 목선반칼만 있으면 돼!'라고 생각을 했더라도 인터넷에 올라온 다른 사람들의 후기를 읽다 보면 '결국 업그레이드를 하게 될 테니 기왕 사는 거 큰 칼로 사야겠다'라는 생각이 들기 때문입니다. 게다가 중국산 저가 목선반칼은 대여섯 자루를 세트로 사도 십 만 원이면 충분한데, 명품 목선반칼 세트는 목선반 값에 육박하는 가격이니 고민이 더할 밖에요. 이러한 고민 속에서 자신에게 맞는 목선반칼을 준비할 수 있도록 장단점을 비교해보고자 합니다. 선택은 여러분의 몫입니다.

초보자에게도 적합한 햄릿 3p 세트 | 명품 목선반칼로 알려져 있는 '햄릿(Hamlet)'이나 '투체리(Two Cherry)' 브랜드의 칼은 그 종류와 사이즈가 매우 다양합니다. 그중에서도 햄릿 브랜드의 우든펜용 3p 세트는 입문자들에게 가장 많이 추천되고 있습니다. 초보자에게 적합한 사이즈와 하이스강(HSS, High Speed Steel)으로 제작되어 내구성이 상당히 뛰어난 편입니다. 가격이 조금 부담스럽긴 하지만 날물(칼날) 연마만 잘되어 사용된다면 큰 칼 못지않게 작업속도를 올릴 수 있습니다. 다만 입문 단계에서의 날물 연마는 쉽지 않아 환칼 같은 경우 몇 번 잘못 갈다 보면 칼을 교체해야 하는 상황이 될 수 있으므로 주의해야 합니다.

날물 연마 연습으로 좋은 중국산 목선반칼 세트 | 중국산 목선반칼 세트는 여러가지 종류가 유통되고 있습니다. 햄릿 제품에 비하여 상당히 저렴하며 날물 연마를 잘 한다면 명품 칼 부럽지 않은 작업이 가능하기도 합니다. 다만 날물이 하이스강 재질이라 하더라도 햄릿과 같은 명품 제품에 비하면 날물의 강도 등 품질이 다소 낮은 편입니다. 입문 단계에서 날물 연마 연습도 할 겸 구입하고자 한다면 저렴한 중국산 목선반칼 세트를 준비하는 것도 괜찮은 선택이라 보여집니다.

목선반칼은 전통 갈이칼부터 그릇이나 사발을 깎는 칼까지 다양하게 있습니다. 우든펜을 만들려고 모든 종류의 칼을 준비할 필요는 없습니다. 기본적으로 환칼(gouge), 창칼(skew chisel), 절단칼(parting tool), 이렇게 세 가지 종류의 칼만 있으면 됩니다. 다시 말해 향후 우든펜만 깎을 목적으로 구입하는 것이라면 위 세 가지 칼 이외에 다른 칼까지 포함된 세트는 불필요합니다. 설령 우든펜에서 나아가 본격적인 목선반 작업까지 고려한다 하더라도 그때는 비교적 좋은 선반칼을 준비하여야 하므로 불필요한 구성이 포함된 세트는 구입하지 않도록 합니다.

햄릿 목선반칼 3p 세트

중국산 펜터닝 3종 세트

목선반칼의 재질에 따른 분류 | 목선반칼은 하이스강 재질과 탄소강 재질(흔히 말하는 스프링강)로 크게 나뉩니다. 하이스강 재질은 비교적 단단하며 잘 무뎌지지 않는 반면, 날물 연마에 오랜 시간이 걸립니다. 탄소강 재질은 연마가 비교적 쉬우나 잘 무뎌지는 편이어서 각각의 장단점을 가지고 있다고 볼 수 있습니다. 일반적으로 하이스강 재질의 목선반칼 가격이 비싸긴 하지만 중국산 하이스강 재질의 목선반칼은 국산 탄소강 목선반칼보다 저렴하게 구입할 수 있습니다. 목선반칼의 사용법에 대해서는 다음 단원(PART 2)에서 살펴봅시다.

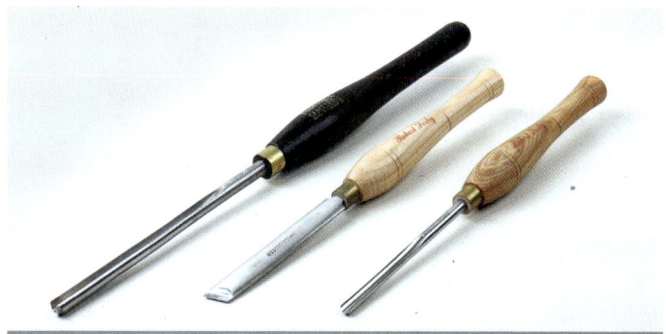

하이스강 목선반칼 : 비교적 단단하나 날물 연마에 오랜 시간이 걸림

탄소강 목선반칼 : 연마는 비교적 쉬우나 잘 무뎌지는 편

맨드럴과
맨드럴 보호대 고르기

맨드럴 Mandrel, 나무를 끼워서 가공할 수 있도록 만든 쇠 막대 형태의 도구

우든펜 작업은 다른 목선반 작업에 비해 비교적 안전합니다. 가공하는 목물(나무)의 사이즈가 작기도 하지만 맨드럴*을 사용하여 작업을 하기 때문입니다. 아무리 작은 목물을 가공하더라도 칼을 잘못 사용한다면 회전력을 전달받은 목물이 가하는 위협은 어마어마합니다. 그래서 맨드럴에 블랭크를 삽입하여 가공하는 방식으로 고속 회전하는 목선반에서의 작업을 비교적 안전하게 하는 것입니다. 이렇게 예방을 하더라도 방심하면 예기치 못한 위험이 발생하므로 우든펜을 터닝함에 있어 안전사고는 언제나 긴장을 늦추어선 안 될 것입니다.

외국에서 펜을 터닝할 때 사용하는 맨드럴은 종류가 다양합니다. 그중 아바(arbor)라고 불리는 주축에 삽입되는 부분과 맨드럴 샤프트(맨드럴의 기다란 봉 부분)가 분리되는 타입이 일반적이며 블랭크를 삽입하고 황동관으로 블랭크를 고정시키는 방법을 사용하고 있습니다.

기존 맨드럴

다시 말해 일반적인 맨드럴은 목선반 주축에 고정시킨 후 심압대의 라이브센터로 맨드럴 샤프트를 지지하는 방식으로 사용하는데,* 이 경우 라이브센터의 뾰족한 부분이 샤프트와 회전하면서 마찰을 일으켜 닳아지는 경우가 발생합니다. 이렇게 샤프트가 마모되면 라이브센터가 정확하게 가운데 부분을 지지하지 못하고 맨드럴의 회전에 편심이 발생하게 됩니다. 편심이 발생하게 되면 펜을 터닝함에 있어 균형 잡힌 펜을 제작하기 어려워지는 문제점이 있습니다.

* 목선반의 주요 부위의 명칭과 사용법은 79쪽을 참고합니다.

이러한 문제점을 해소하기 위한 부품이 맨드럴 보호대입니다. 맨드럴 보호대와 함께 사용하는 맨드럴의 사진은 아래와 같습니다. 기존 맨드럴과 비교해보면 맨드럴 샤프트에 나사산이 없고 나사산을 채워줄 황동너트도 필요가 없어졌습니다. 맨드럴 보호대는 아바 및 척 그리고 맨드럴을 각각 구입하여 조립하는 방식으로 저렴하게 준비할 수 있으며, 샤프용과 펜용 맨드럴 샤프트를 교체하여 사용하기보다는 각각 따로 준비하여 고정시켜 사용하는 것이 편리하고 시간도 절약됩니다.

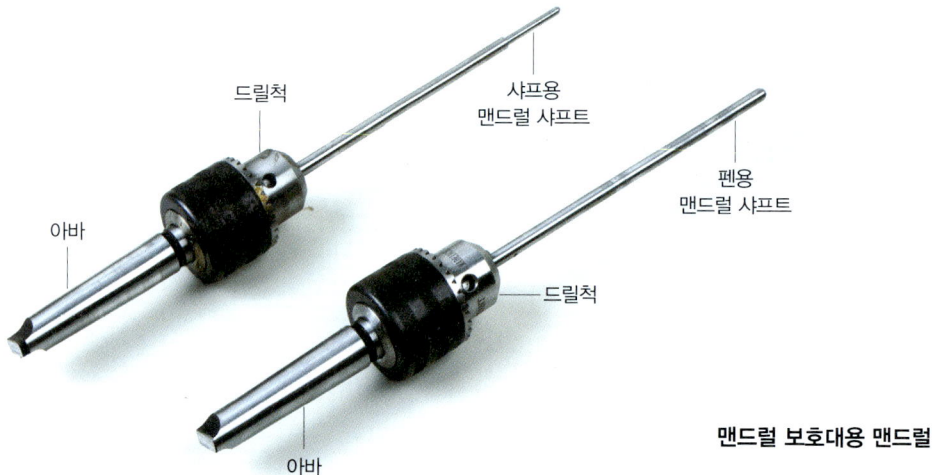

맨드럴 보호대용 맨드럴

최근 추세로 볼 때 우든펜 제작 시 맨드럴 보호대는 거의 필수품처럼 사용됩니다. 다만 맨드럴과 라이브센터의 마찰로 인한 문제를 해결하기 위해 제작된 맨드럴 보호대는 시중에서도 구입할 수 있으나 내구성 면에서 다소 미흡한 부분이 있습니다.

이러한 점을 보완하여 2012년경에 국내 우든펜 동호인(네이버 닉네임 '얼음')에 의해 제작되어 보급되고 있는 맨드럴 보호대가 있는데, 이는 심압대의 내부 축을 감싸 쥐는 형태로 제작되었고 우든샤프용과 우든펜용이 별도로 있어 각각의 용도에 맞게 편심을 잡아 사용할 수 있어 기존 맨드럴 보호대보다 안전하다고 평가됩니다.

공간부싱 맨드럴 샤프트에 부싱과 블랭크를 장착하고도 남는 부분을 채우기 위한 부싱을 말합니다.

얼음님의 맨드럴 보호대는 목선반의 주축과 심압대의 일련성에 다소 오차가 생기더라도 이를 커버할 수 있으며, 공간부싱(space bushings)*을 채우고 황동너트를 사용해야 하는 기존 방식에 비해 맨드럴이 심압대 내부까지 들어갈 수 있어서 편리하고 시간도 단축할 수 있습니다.

얼음님표 맨드럴 보호대

블랭크 고르기

기계공학에서 블랭크(Blank)란 가공 전의 절단된 소재를 의미하는데, 우든펜에서는 목선반에서 우든샤프나 우든펜을 만들기 위해 잘라 놓은 목물을 말합니다. 우든펜의 가장 큰 매력은 바로 이 블랭크에서 찾을 수 있습니다. 블랭크에 따라 완성되는 우든펜의 디자인이 달라지니까요. 그래서 우든펜을 만드는 사

느티나무 참죽나무 소태나무
주목나무 벽조목   관솔
파덕   웬지   퍼플하트

람에게는 다양한 수종의 블랭크를 준비 또는 구입하여 비축하는 것이 가장 설레는 작업이라고까지 말하곤 합니다.

블랭크는 온오프라인 판매처로부터 구입할 수 있습니다. 또는 원목이나 판재 또는 각재 상태의 나무를 블랭크 사이즈로 재단해도 됩니다. 최근에는 블랭크를 전문으로 저렴하게 판매하는 쇼핑몰이 많이 생겼으니 인터넷 검색을 통해서 취향에 맞는 수종과 색상의 블랭크를 구하기가 예전보다 편리해졌습니다.

* 블랭크 재단은 33쪽에서 설명하겠습니다.

고급 만년필 제작 시 어울리는 고급 블랭크나 희귀한 블랭크는

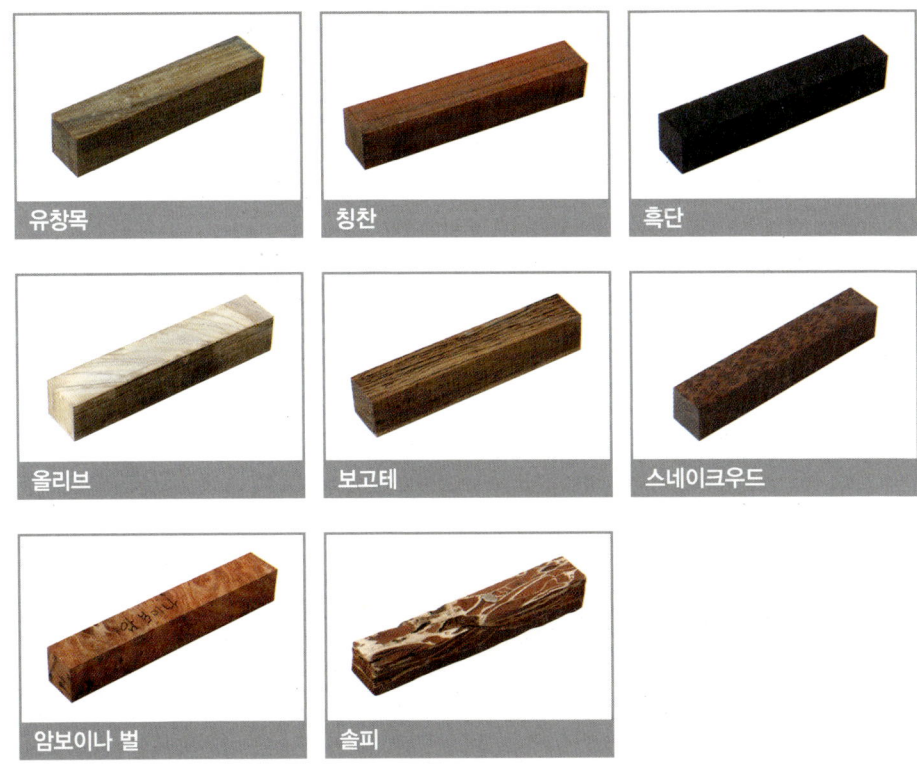

이베이(e-bay) 등에서 낙찰을 받거나 외국 사이트에서 수입할 수 있습니다. 그러나 국산 나무 중에서도 희귀한 블랭크나 고급 블랭크를 찾을 수 있습니다.

우든펜에 사용되는 블랭크는 좁은 의미에서 보면 나무로 된 블랭크를 말할 것이나 아크릴, 물소뿔, 선인장 등 다양한 소재의 블랭크도 있고, 곰팡이가 피어 무른 나무를 경화시킨 블랭크 등도 접할 수 있으니 취향에 따라 선택하도록 합니다.

한편 나무의 강도에 따라서 강도가 높은 것은 '하드우드', 강도가 낮은 것은 '소프트우드'라고 하는데, 이중 우든펜용 블랭크는 하드우드를 주로 사용합니다. 소프트우드를 사용하여 펜을 만들게 되면 쉽게 긁히고 갈라져 우든펜으로는 적합하지 않습니다.*

지금부터 설명하는 블랭크는 우든펜을 만들면서 쉽게 만날 수 있는 수종들입니다.

국산 블랭크

느티 | 때로는 가지런하고 때로는 용틀임을 하는 듯한 현란한 무늬가 특색입니다. 노란색부터 파란색, 회색, 청색, 빨강색 등 다양한 색상이 배열되어 있습니다. 한편 눈매*가 상당히 큰 편이어서 마감이 쉽지 않다는 단점도 있습니다. 잘 마른 느티나무는 터닝할 때 구수한 냄새가 나기도 하나 어떤 사람들은 똥 냄새 같다고도 합니다. 우리나라 어디에서나 쉽게 접할 수 있는 목재입니다.

참죽 | 느티나무와 더불어 펜을 만들 때 가장 사랑받는 수종입니다. 붉은 빛이 도는 편이며, 그 색감이 진하면 진참죽, 연하면 연참죽이라고 합니다. 느티나무의 무늬가 일반적으로 가지런한 편이라면, 참죽나무의 무늬는 굽이치는 강을 연상케 할 정도로 현란합니다. 강도는 다소 무른 편입니다.

소태 | 아이가 엄마 젖을 뗄 때 이 나무의 액을 유두에 발랐을 정도로 쓴 맛이 납니다. 심재 부분*의 색감이 샛노란 빛깔을 띠고 있어서 여러 가지 색깔의 우든 샤프나 우든펜을 만들 수 있습니다.

주목 | '살아 천 년, 죽어 천 년' 천년주목이라는 별명을 가지고 있는 수종입니다. 주목나무는 아주 자잘한 무늬결과 그 고운 색감 덕에 고급 펜의 재료로도 손색이 없습니다. 다만 태백산 등지에서 생산되는 주목나무는 천연기념물로 지정되어 있기 때문에 구하기 쉽지 않습니다.

눈매 나무결에 보이는 흠, 구멍
심재 부분 나무의 중심 부분

벽조목 | 예로부터 귀신을 쫓는다는 미신(?)으로 유명한 벽조목나무! 행운의 상징으로 여러 소품으로 제작되어 판매되고 있지만 자연산 벽조목을 찾기란 하늘에 별따기입니다. 그도 그럴 것이 번개가 대추나무를 때리기란 정말 희박한 확률일 것이기 때문입니다. 요즘에는 전기압축 벽조목이라는 것이 나온다는데, 말 그대로 인위적으로 대추나무에 고압 전기를 가해 충격을 가한 벽조목을 말합니다. 벽조목은 터닝하기가 상당히 까다로운 수종이므로 잘 연마된 칼로 터닝에 임해야 할 것입니다.

관솔 | 관솔은 송진이 고여 있어 소나무 특유의 송진 냄새가 진동합니다. 게다가 일반 소나무보다 훨씬 많은 송진 함유량 탓에 목선반칼에도 달라붙고 터닝하는 것도 쉽지 않습니다. 한편 향나무, 유창목, 관솔 등 향이 많이 나는 수종들은 오일이나 광택제 마감을 할 경우 그 향이 줄어들까 걱정을 하곤 하는데, 관솔 같은 나무는 마감을 하지 않으면 거무튀튀한 오염이 묻어 오히려 보기 좋지 않으므로 마감 작업을 권장합니다.

외국산 블랭크

파덕 | 원목에 대해 잘 알지 못하는 일반인들이 깜짝 놀라는 수종 중 하나가 파덕입니다. 페인트를 바르거나 물감을 칠했느냐고 물을 정도로 불타오르는 붉은 색이 강렬합니다. 게다가 파덕은 나뭇결이 거의 없어 터닝하기에도 매우 수월한 편입니다. 다만 조금 무른 편에 속하며 터닝 후 색감이 조금 어두운 붉은 색으로 변한다는 특색이 있습니다. 일부 파덕은 터닝 후 곰팡이처럼 하얀 것이 피어오르는데, 손이나 헝겊으로 문질러주면 금방 제거할 수 있습니다.

웬지 | 검정색에 갈색 줄무늬를 가진 웬지는 매우 단단한 수종 중 하나입니다. 줄무늬가 화려하고 아름다우며, 어두운 계열의 나무이므로 우든펜의 단점 중 하나인 오염에서 어느 정도 자유롭습니다. 개인적으로 우든샤프를 만들 때 가장 적합한 블랭크라고 생각합니다. 단단함과 화려한 무늬에 비하여 가격이 저렴한 것도 무시할 수 없는 매력입니다.

퍼플하트 | 파덕을 보고 놀란 사람은 퍼플하트라는 나무를 보고서 또 한 번 놀라게 됩니다. 천연 보라 색깔의 나무를 일상에서는 흔히 경험할 수 없기 때문이죠. 퍼플하트는 상당히 단단하고 튼튼한 수종으로 터닝 후 햇볕에 하루 정도 노출시켜 두면 아주 고운 보라색을 얻을 수가 있습니다. 따라서 퍼플하트로 우든샤프나 우든펜을 만들었다면 바로 마감 작업을 하지 말고 햇볕에 하루 정도 두는 것이 좋습니다.

 **유창목** | 중남미 지역에서 많이 자라는 수종으로 고급 향수 브랜드의 원료로도 사용됩니다. 물보다 비중이 높아서 물에 가라앉을 정도로 무거우며 자연이 아니고서는 만들어낼 수 없는 세세한 빗살무늬가 특색입니다. 퍼플하트와 마찬가지로 터닝 직후에는 단감색과 비슷한 노랑색이었다가 햇볕에 놓아두면 청록색으로 변하는 성질을 가지고 있습니다. 마감작업은 칼과 사포 또는 칼로만 하는 것이 좋습니다. 자체에 유분이 많아서 오일 마감을 하는 것은 불필요한 일일 수 있습니다.

칭찬 | 일부에서는 '친차'라고도 불리며 '자단목'의 일종으로 알려져 있습니다. 단단한 재질로 검붉은 색을 띠어 매우 고급스러운 느낌을 줍니다. 수종이 매우 다양해서 나무마다 색감이나 무늬가 다르므로 마음에 드는 블랭크를 만나게 되면 좋은 펜을 위해 비축해두는 것도 좋겠습니다.

흑단 | 인도네시아 흑단, 아프리카 흑단 등 생산되는 지역에 따라 각기 다른 특색을 지니고 있습니다. 단단하고 물보다 높은 비중으로 물에 가라앉습니다. 흑단은 악기의 울림판 등에 사용될 만큼 좋은 나무입니다. 다만 균열(Crack)이 발생하기 쉬우므로 펜을 제작하거나 조립할 때 유의하여야 합니다.

올리브 | 평화의 상징이자 '올리브유'로도 유명한 올리브는 나무 무늬가 매우 화려한 고급 수종입니다. 대리석 줄기 같은 무늬가 사선으로 이어져 있는 모습을 보고 있노라면 나무인지 돌인지 구분이 되지 않을 때도 있습니다. 펜을 터닝할 때 부드러운 느낌이 들며 별다른 마감을 하지 않아도 자체 유분이 많아서 아주 고운 표면을 만날 수 있습니다.

보고테 | 호랑이 호피를 연상케 하는 화려한 무늬의 보고테는 외관과는 달리 터닝 시 상당히 부드러운 편입니다. 단단하고 눈매도 거의 없어 마감하기 쉬운 편이지만 펜을 만들었을 때 다소 산만한 느낌을 주기도 합니다.

스네이크우드 | 뱀의 껍질 모양을 하고 있어서 '스네이크우드'라는 이름을 얻게 된 나무입니다. 흑단도 크랙이 가기 쉽지만, 스네이크우드는 현존하는 나무 중에서 펜을 만들 때 가장 크랙에 유의해야 하는 수종입니다. 펜 터닝뿐만 아니라 천공 단계에서부터 크랙이 발생하지 않도록 매우 조심해서 다뤄야 하며, 그 희귀성으로 인해 가격도 상당히 높은 편에 속합니다.

희귀한 블랭크

암보이나 벌 | 어느 정도 펜을 만들다 보면 평범한 수종의 블랭크로 만들고 싶지 않게 됩니다. 이럴 때 보통 벌(Burl)이라고 불리는 나무의 혹으로 만들어진 '세상에서 단 하나뿐인 무늬'를 갖고 있는 블랭크를 찾게 되는데, 그중에서도 암보이나 벌은 여타 벌의 종류에 비해서 검붉은 색감으로 인기를 끌고 있습니다. 다만 벌이라는 것 자체가 나무로서는 비정상적인 부분, 즉 종기라서 나무의 생명을 앗아갈 수 있다는 슬픈 현실도 알아두세요.

솔피 | 흔히 펜을 만들 때면 단단한 심재 부분을 선호하게 되는데, 솔피는 말 그대로 소나무 껍질 부분으로 외국산 소나무에서는 마치 고기의 마블링을 보는 것과 같은 희귀한 무늬를 볼 수 있습니다. 다만 상당히 물러서 손으로도 쉽게 뜯어낼 수 있으므로 우드 하드너*와 같은 경화제를 사용하거나 순간접착제로 마감을 하도록 합니다.

우드 하드너 무른 나무를 단단하게 만드는 화학소재를 말합니다.

블랭크 재단하기

블랭크를 직접 만들려면 테이블쏘나 밴드쏘, 골절기 같은 나무를 재단할 수 있는 기계공구가 필요하기 때문에 처음 목공이나 우든펜을 시작하는 입문자에게는 다소 어려운 작업입니다. 다시 말해 어디서 사각 티슈 케이스 크기의 나무토막을 구했다 하더라도 톱 하나만 가지고 이를 블랭크로 가공한다는 것은 거의 불가능에 가깝습니다. 이런 경우 근처에 있는 목공방이나 지인을 통해 재단을 부탁하는 것이 바람직합니다.

블랭크를 재단할 공구와 환경이 된다면, 원하는 용도에 따라 블랭크를 재단합니다. 이때 샤프용은 가로 세로 20mm 정도, 길이 115~120mm 정도가 일반적입니다. 만약 고급 수종으로 펜을 만들 것이라면 좀 더 안전한 천공을 위해서 가로·세로는 25mm 정도로 하고, 길이는 전체 펜 튜브 길이보다 약 8mm 정도 길게 재단을 하는 것이 좋습니다.

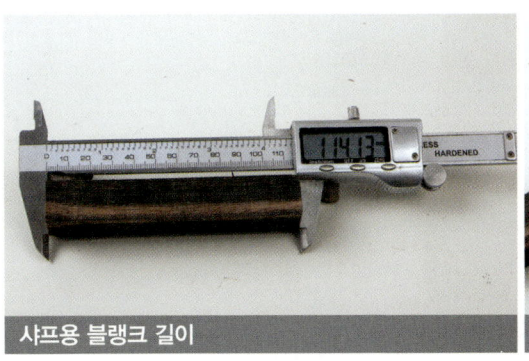
샤프용 블랭크 길이

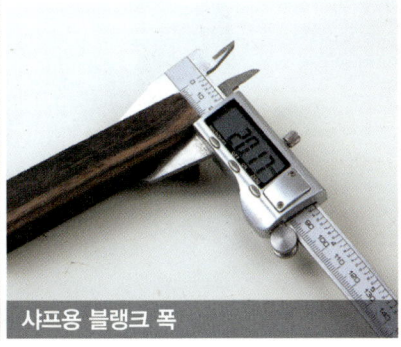
샤프용 블랭크 폭

한편 나무의 결 방향에 따라 재단을 달리하면 순결, 가로결, 엇결* 등의 이름이 붙은 블랭크를 준비할 수가 있는데, 각각의 종류에 따라 다양한 무늬를 얻을 수가 있습니다. 그러나 입문 단계에서 가로결이나 엇결의 무늬를 가진 블랭크를 가공하는 것은 매우 어려운 일이므로, 입문 단계에서는 가급적 순결 방향의 블랭크로 충분히 연습하도록 합니다.

순결 블랭크는 가공이 쉬울 뿐만 아니라 내구성도 뛰어납니다. 다만 나무에 따라 무늬가 단조롭게 표현될 수 있습니다. 반면 가로결이나 엇결의 블랭크는 가공이 매우 어렵고, 작업을 마치고 성공적으로 완료했더라도 크랙이 가는 등 블랭크에 흠집이 날 수 있어 세심한 주의를 기울여야 합니다. 다만 화려한 문양의 나이테를 표현할 수 있는 등의 장점이 있습니다.

순결, 가로결, 엇결 재단
- 순결 : 나무의 나이테와 평행(180도) 방향
- 가로결 : 나이테와 90도 방향
- 엇결 : 90도와 180도 사이

느티나무나 웬지의 경우 순결 방향의 블랭크라 하더라도 상당히 규칙적이고 가지런한 무늬를 얻을 수 있습니다.

가로결

엇결

순결

드릴프레스 및
목선반척 고르기

우든펜 터닝 시 가장 어려운 작업 중 하나가 천공입니다. 이에 따라 다양한 천공 방법이 고안되어 사용되고 있습니다. 그중에서 가장 일반적인 방법이 드릴프레스와 목선반에서의 천공인데, 자세한 천공방법은 뒤에서 살펴보기로 하고 일단 천공에 필요한 도구를 알아보도록 하겠습니다.

드릴프레스와 펜바이스

드릴프레스는 종류도 다양하고 가격도 천차만별입니다. 그러나 우든펜을 만들 용도라면 소형 드릴프레스만 있어도 충분합니다. 국산 제품으로는 용수공업사의 YSDM100 모델이 가장 일반적으로 사용되고 있으며, 이와 비슷한 중국산 드릴프레스도 있습니다. 품질면에서 그다지 많은 차이가 나지 않으니 가격 등을 비교해보고 선택하도록 합니다. 드릴프레스는 천공을 하고자 하는 용도뿐만 아니라 나중에 트리밍 작업을 할 때에도 큰 도움이 됩니다.

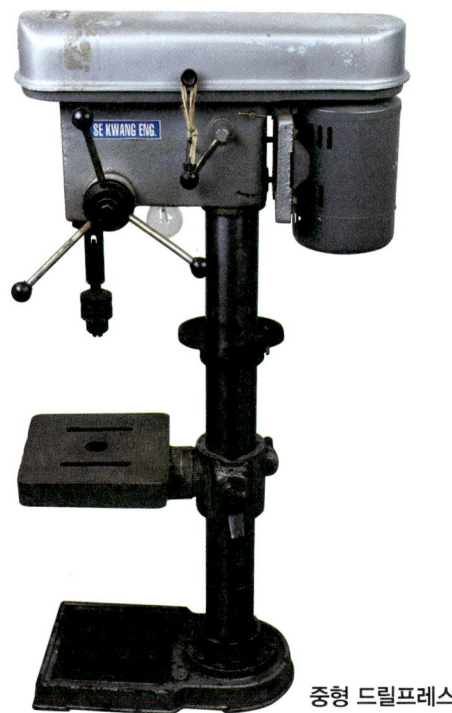
중형 드릴프레스

직접 만든 펜바이스

시중에서 살 수 있는 기성 펜바이스

한편 드릴프레스를 통해 천공을 하는 경우에는 블랭크를 잡아줄 펜바이스*가 반드시 필요합니다. 펜바이스가 없을 경우 클램프 등으로 고정시켜 작업하기도 하지만 정확하게 잡아주지 못하면 천공이 엇나갈 위험성이 있으므로 가급적 펜바이스를 준비하도록 합니다.

펜바이스 블랭크를 수직으로 장착하여 고정시키는 도구를 말합니다.

목선반척과 드릴척

목선반을 이용하여 천공을 하는 방법도 있습니다. 그러나 이 경우에는 목선반척 또는 천공지그가 필요합니다. 목선반척은 저가의 중국산이라 하더라도 10~20만 원대, 브랜드 제품은

바이스 사물을 잡아서 고정시키는 도구를 말합니다.

30~40만 원 정도이기 때문에 상당히 고민되는 부분입니다. 그러나 우든펜 이외의 일반적인 목선반 작업을 할 때에도 목선반척은 필요한 경우가 많으므로 목선반과 함께 준비하는 것이 바람직합니다.

한편 바이스* 등을 이용하여 천공지그를 직접 만들어 쓰거나 천공을 목적으로 특별히 제작된 천공지그를 구입하는 방법도 있습니다.

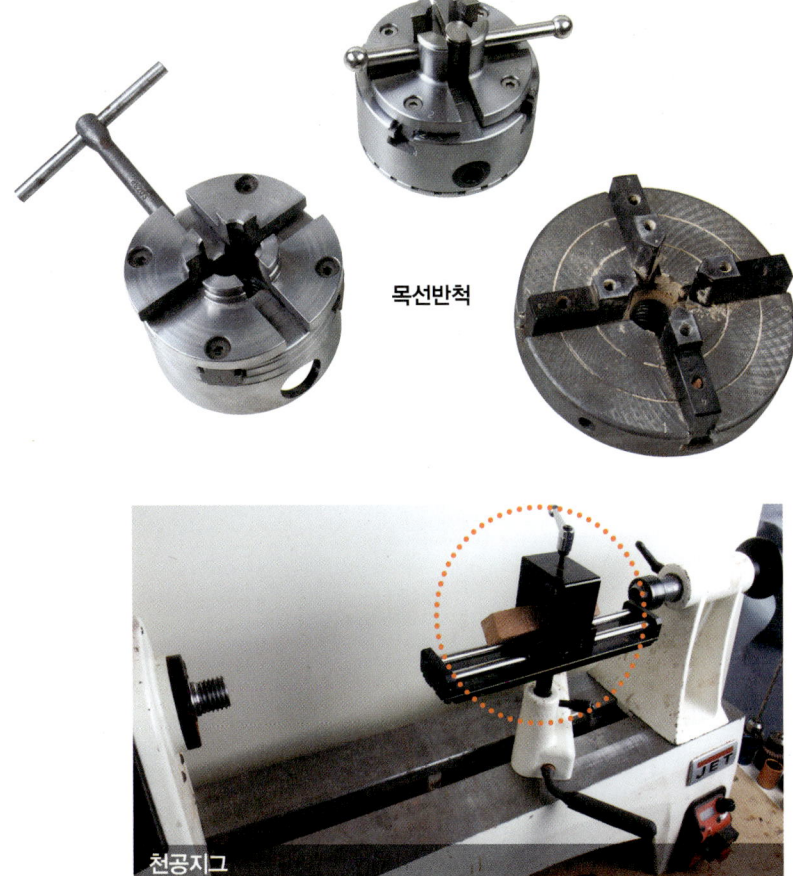

목선반척

천공지그

| 테이퍼 형태의 드릴척 | 나사산식 드릴척 고정너트 |

직접 만든 천공지그를 이용하는 경우 드릴척을 주축에 삽입하여 사용하는데, 이때 일반적인 드릴척을 사용한다면 매우 위험한 상황이 발생할 수 있습니다. 일반적인 드릴척은 위 왼쪽 사진과 같이 아바가 테이퍼(경사) 형태로 되어 있고 주축에 나사산으로 결합되는 방식이 아니라서 회전 중 튀어나올 수 있습니다. 그러므로 직접 만든 천공지그를 이용하려면 반드시 드릴척과 나사산이 결합되는 형태의 나사산식 드릴척 고정너트를 사용해야 할 것입니다.

드릴비트 고르기

우든샤프용 드릴비트

드릴비트는 일반적으로 끝과 끝의 직경이 동일하지만, 제도샤프 스타일의 우든펜을 천공하려는 목적으로 3단 드릴비트가 개발되어 사용되고 있습니다. 제도샤프 제작용 3단 드릴비트는 가장 가는 부분이 4.0ø(파이), 중간이 6.0ø 그리고 가장 두꺼운 부분이 6.8ø로 되어 있습니다. 3단 드릴비트는 쏘비트 사에서 만들어진 제품이 톱밥 배출이 용이하고 사용하기 편리합니다. 다만 잘 사용하지 못하는 경우 쉽게 부러질 수 있으므로 천공 시 무리하게 힘을 받지 않도록 유의하여야 합니다.

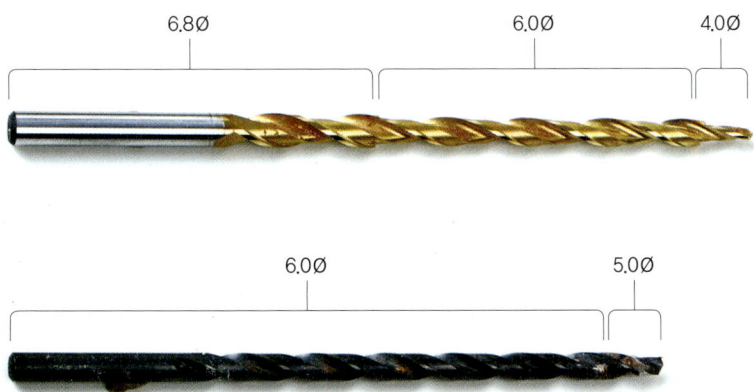

한편 일반 드릴비트를 가공하여 2단 또는 3단 드릴비트 형태로 가공한 제품도 있으니 쏘비트 사 제품과 더불어 예비용으로 함께 준비해두면 부담없이 사용할 수 있을 것입니다.

샤프용 드릴비트가 2단 또는 3단이라 불리는 이유는 앞 사진에서 보다시피 각 부위별로 직경 사이즈가 제도 샤프의 내경에 맞추어 다르게 제작되어 있기 때문입니다.

쏘비트 우든샤프용 3단 드릴비트

한국우든펜연구회 2, 3단 드릴비트

우든펜용 드릴비트*

우든펜용으로 가장 많이 사용되는 드릴비트는 철공용 드릴비트인데, 규격이 다양하고 가격도 상대적으로 저렴한 편입니다. 1~13mm까지는 0.1mm 단위로 사이즈가 있으며, 비교적 정밀한 천공이 가능합니다. 그러나 철공용 드릴비트는 명칭이 말해주듯 원래 용도 자체가 철 가공을 위한 용도이기 때문에 목재를 천공하는 경우 가공이 쉽지 않을 수 있습니다.

다시 말해 철과 달리 나무를 뚫을 때에는 나무의 결에 따라 나무가 약한 부위로 비트가 미끄러져 나가 정확한 위치에 천공이 되지 않을 수 있습니다.

그래서 생겨난 것이 목공용 드릴비트인 '브래드포인트' 비트입니다. 브래드포인트 비트는 비트 끝 부분이 뾰족한 송곳 형태로

* 우든펜용 드릴비트는 펜키트별로 사이즈가 다르기 때문에 펜키트를 구입할 때마다 함께 필요한 사이즈의 드릴비트를 준비하는 것이 바람직합니다.

되어 있어서 나무에 먼저 구멍을 내어 자리를 잡게 해준 다음 천공이 진행되는 형태입니다.

그런데 브래드포인트 비트는 규격이 다양하지 않아서 우든펜 전용으로 출시되고 있는 몇몇 고가 브랜드 상품도 모든 규격을 다 갖추고 있지 못한 형편입니다. 국내에는 콜트(Colt) 브랜드 상품이 우든펜용으로 판매되고 있습니다.

철공용 드릴비트

목공용 브래드포인트 비트

접착제 고르기

순간접착제

우든펜을 만들려면 나무를 고정시키고 경화시키는 용도의 순간접착제를 사용하여야 합니다. 우든펜에 사용되는 순간접착제(Instantaneous adhesives)는 일반용과 목공용 두 가지로 크게 나뉘는데, 일반용은 물처럼 목재에 잘 스며드는 성질을 가지고 있으며, 목공용은 일반용에 비하여 점도가 높아서 상대적으로 경화시간이 오래 걸립니다.

엑시아 순간접착제

록타이트 순간접착제

경화제

순간접착제는 아크릴 성질을 가지고 있어서 강력한 접착작용 외에 매끈한 표면을 얻을 수 있습니다. 그래서 '순간접착제 마감법(흔히 '순접마감'이라고 통용됨)'의 용도로도 사용됩니다.

순간접착제는 시아노아크릴레이트(cyanoacrylate)라는 화합물로 이루어져 공기 중의 수분을 흡수해서 경화가 이루어지기 때문에 습도가 높은 환경에서 작업하다 보면 하얗게 서리가 끼는 듯한 현상이(백화 현상) 나타날 수 있습니다. 그래서 경화를 촉진시키거나 백화를 방지하는 목적으로 경화제를 보충제로 사용하기도 합니다. 다만 마감의 목적이 아닌 경우에는 순간접착제를 사용하더라도 대부분 샌딩이나 여타 가공으로 순간접착제 부분을 커버할 수 있기 때문에 경화제가 필수적으로 필요한 것은 아닙니다.

한편 밀폐된 공간에서 순간접착제를 사용하는 것은 매우 위험한 상황을 초래할 수 있으므로 가급적 마스크를 착용하고 환기가 잘되는 곳에서 작업을 해야 할 것입니다. 그렇지 않으면 순간접착제에 의해 정신을 잃는 상황이 발생할 수도 있습니다. 또한 순간접착제가 천이나 종이에 많이 쏟아질 경우 열이 발생하여 화재의 위험이 발생합니다. 따라서 순간접착제로 작업할 때는 못 쓰는 나무 판을 준비하여 사용토록 합니다.

순간접착제는 엑시아(Axia) 브랜드와 록타이트(Roctite) 브랜드 두 가지가 애용되고 있습니다. 엑시아는 031(일반용), 835(목공용) 모델 또는 이보다 좀 더 강도가 강한 231(일반용), 268(고점도)이 용도에 따라 사용되고, 록타이트는 401(목공용)과 420(일반용)이 주로 사용됩니다. 순간접착제는 온라인 상점 등에서 쉽게 구입할 수 있습니다.

폴리우레탄 접착제

순간접착제 외에 순간접착제의 접착력을 기대할 수 있는 접착제로 최근 '폴리우레탄 접착제'가 많이 사용되고 있습니다. 폴리우레탄 접착제는 고릴라 브랜드와 타이트 브랜드 등이 주로 사용됩니다.

폴리우레탄 접착제는 순간접착제와 달리 쉽게 굳어지지 않기 때문에 비교적 초보자들도 안전하고 쉽게 사용할 수 있습니다. 다만 손에 묻었을 때 검은 색의 흔적이 잘 지워지지 않고 일주일 가량 가는 경우가 있어 일회용 비닐 장갑을 착용하고 사용하는 것을 권장합니다.

고릴라 폴리우레탄 접착제

일회용 비닐장갑을 끼고 사용

배럴트리머 고르기

배럴은 블랭크에 황동튜브를 삽입한 것을 가리키고, 배럴트리머는 블랭크에 황동튜브를 삽입하고 남는 나무 부분을 정돈시켜주는 역할(트리밍)을 하기 위한 도구를 말합니다.

배럴트리머는 국산 쏘비트 제품 외에 중국산도 많이 사용되고 있습니다. 그러나 이 두 제품군의 품질 차이가 크므로 가급적 쏘비트 배럴트리머를 사용할 것을 권장합니다.

쏘비트 배럴트리머

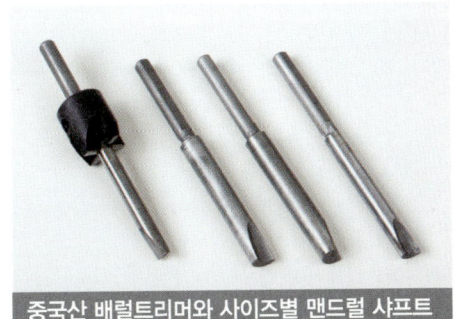

중국산 배럴트리머와 사이즈별 맨드럴 샤프트

배럴트리머 어댑터

배럴트리머에 어댑터를 장착한 모습

쏘비트 배럴트리머는 날물의 강도가 우수하고, 잘 무뎌지지 않는 장점을 가지고 있습니다. 일반적인 배럴트리머는 7mm 펜키트(슬림펜, 스트림라인펜 등)용으로 샤프트(기다란 부분의 명칭을 일컬음)가 제작되어 있습니다. 따라서 7mm 펜키트보다 두꺼운 황동관을 사용하는 펜키트를 트리밍할 때는 샤프트가 헐렁하게 됩니다. 이를 보완해주는 제품이 배럴트리머 어댑터인데요. 많이 사용하는 황동튜브의 내경*에 맞춰 사이즈별로 제작되어 있습니다. 다만 플라스틱으로 제작된 제품을 잘못 사용할 경우 플라스틱이 녹아버릴 수 있으므로 주의해야 합니다. 한국우든펜연구회에서는 황동으로 만들어진 어댑터를 7개 정도의 사이즈로 제작하여 사용하고 있으니 참고하기 바랍니다.

황동튜브의 내경
황동튜브의 내부 지름 사이즈를 말합니다.

샌딩페이퍼 고르기

샌딩페이퍼는 우리가 흔히 이야기하는 사포를 말합니다. 철물점에서 구입할 수 있는 사포가 천사포인데, 연마 기능은 아주 탁월하나 나무에 사용 시 톱밥이 잘 끼는 단점이 있습니다. 천사포는 사포의 입방 수에 따라 다양한데, 우든펜을 제작할 때에는 180방 또는 220방 정도의 천사포를 소량 구입하여 황동관에 스크래치를 내는 용도로 사용합니다.

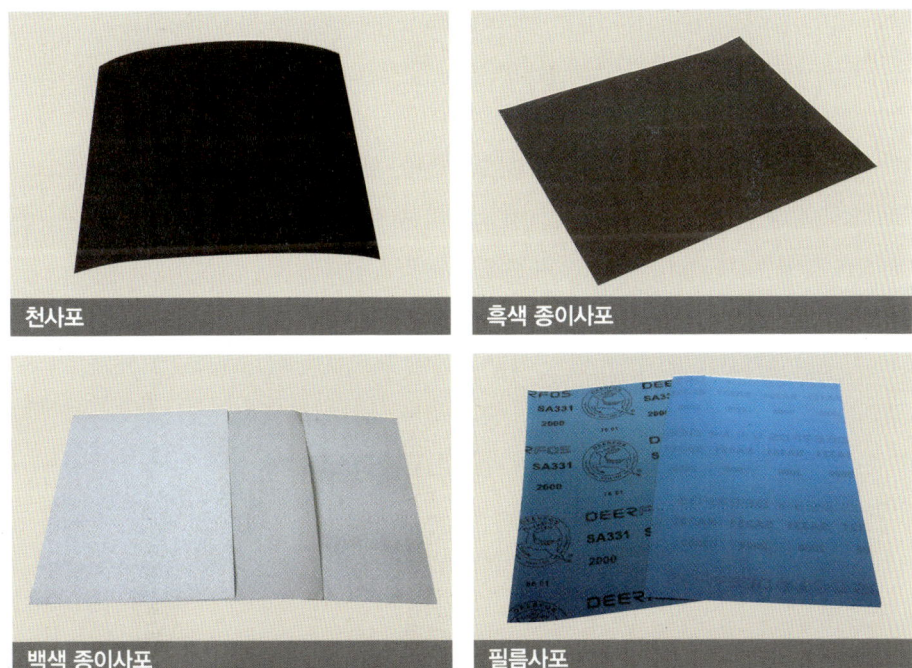

천사포

흑색 종이사포

백색 종이사포

필름사포

천 재질이 아닌 종이 재질의 사포도 있습니다. 흑색 종이사포와 백색 종이사포가 그것인데, 흑색 종이사포는 천사포와 마찬가지로 다양한 입방 수가 분포되어 있으며, 목선반칼 등 날물 연마 이후 마무리 작업으로 사용합니다. 그러나 일반적으로는 백색 종이사포를 가장 많이 사용하여 우든펜을 만들게 됩니다.

백색 종이사포는 대개 220방, 400방, 600방으로 3단계를 거쳐 사용합니다. 1000방 이상의 사포는 흑색 종이사포를 사용할 수 있으나 우든펜 작업에는 사용하기 어려우니 대신 필름 재질의 '필름사포'를 구입하는 것을 권장합니다. 백색 종이사포는 디어포스, 대성 등의 브랜드로 출시되고 있으며, 이중 디어포스 제품이 널리 사용되고 있습니다.

종이사포를 구분하여 사용하는 방법

종이사포는 원래 사이즈의 사포를 절반으로 나눈 후 약 1cm 간격으로 잘라 사용하게 됩니다. 그런데 220방, 400방, 600방 세 가지 종류의 사포를 이렇게 잘라놓으면 나중에 서로 구분이 되지 않아 애를 먹게 됩니다. 이럴 때 미리 사포의 뒷면에 자신만의 식별기호를 표시해두면 편리할 것입니다. 예를 들어 220방 사포는 한 줄, 400방 사포는 두 줄, 600방 사포는 사선으로 표시를 해둔 후 커팅을 해서 사용하면, 뒷면을 보고 쉽게 구별할 수 있습니다.

종이사포는 한 번 사용하고 버리는 것이 아닙니다. 샌딩 후에 붙은 먼지를 손가락을 튕겨서 털어내면 몇 번이고 재활용할 수 있기 때문에 이와 같이 구분 짓는 것이 필요합니다.

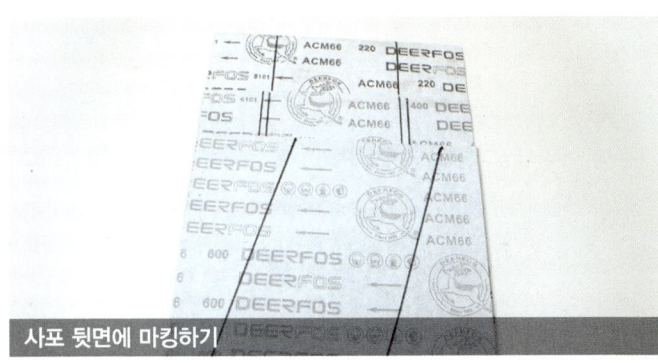
사포 뒷면에 마킹하기

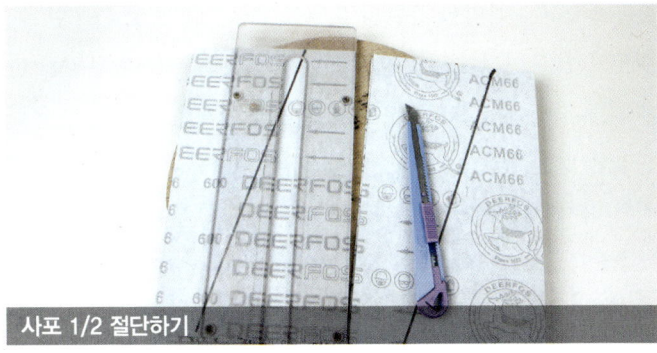
사포 1/2 절단하기

약 1cm 폭으로 절단하기

마감제 고르기

오일

나무의 마감제로 가장 보편적으로 사용하는 것이 오일입니다. 오일은 건조 여부에 따라 건성유와 불(반)건성유로 나뉘는데, 아우로 129오일이나 텅오일과 같은 것은 건성유*로 볼 수 있고, 동백유는 불건성유로서 경화가 일어나지 않는 특성을 가지고 있습니다.

우든펜에서는 다양한 종류의 오일을 초벌 개념으로 사용한 후, 별도의 최종 마감제로 마감을 합니다. 물론 유광보다 무광을 선호하는 경우에는 오일만으로도 충분히 마감이 가능하며 오일 마감한 펜은 나중에라도 가끔씩 오일을 천에 묻혀 발라주면 제품의 가치를 오랜 기간 보존할 수 있습니다.

건성유 도포 후 건조가 되면서 경화가 일어나는 것을 말합니다.

아우로 129 2in1 오일   동백오일

왁스

불과 몇 년 전만 해도 우든펜 마감제의 기본은 스틱왁스였습니다. 샌딩 후의 고운 나무결에 왁스를 조금 발라주고 광을 내면 아주 번쩍이는 광이 올라와 인기가 있었지요. 하지만 지속성이 떨어지고 열에 약한 것이 치명적인 단점으로 지적되어 지금은 마감제로 많이 사용되고 있지 않습니다. 우든펜은 손에 쥐고 사용하는 것이다 보니, 스틱왁스로 마감을 하게 되면 사용 후 얼마 지나지 않아 왁스코팅이 사라지는 현상이 발생합니다.

스틱왁스는 리베론(Liberon) 사의 스틱왁스와 허트(Hut) 사의 스틱왁스가 널리 사용되고 있습니다. 스틱왁스 외에도 크림 타입의 페이스트왁스도 있는데, 페이스트왁스를 미네랄 스피릿과 1:1로 혼합하여 사용하기도 합니다.

미네랄 스피릿

크리스털 클리어 페이스트왁스   리베론 스틱왁스

크리스털 코트, 마이랜즈 폴리시

우든펜에서 최근 가장 인기 있는 마감제는 크리스털 코트와 마이랜즈 하이프릭션 폴리시입니다. 둘 다 마감을 하고 나면 번쩍이는 광이 나며 스틱왁스에 비해 마감의 내구성도 높은 편입니다. 인터넷 검색을 통해 여러 사이트에서 구입할 수 있습니다.

크리스털 코트는 사용 전에 잘 흔들어서 사용토록 합니다. 알코올과 셸락*, 천연 왁스 성분을 혼합하여 제조된 것이기 때문입니다. 사용 후에는 뚜껑을 잘 닫아두어야 알코올이 날아가는 것을 방지할 수 있습니다.

한편 크리스털 코트와 비슷하거나 광택이 더욱 우수하다는 평가를 받고 있는 마이랜즈 폴리시 역시 그 성분은 크리스털 코트와 비슷하게 셸락과 알코올 등을 포함하고 있습니다. 사용 시 눈이나 피부에 튀지 않도록 해야 하며, 불이 붙기 쉬우므로 화재 예방에 유의하여야 합니다.

셸락 동물성 천연수지(진액)의 한 종류로 표피에 생기는 막인 도막을 형성하는 특징을 지닙니다.

허트 사 크리스털 코트   마이랜즈 폴리시

셀라왁스, EEE 울트라샤인

마지막으로 아직 국내에 정식 유통되고 있지는 않으나 내수성이 뛰어난 제품으로 평가되고 있는 셀라왁스 같은 마감제도 있습니다. 셀라왁스는 EEE 울트라샤인과 세트로 사용하면 효과적인 마감 결과를 얻을 수 있습니다.

EEE 울트라샤인

셀라왁스

펜키트 고르기

우든샤프용 펜키트

우든샤프용 기본 키트는 동네 문구점에서도 쉽게 구할 수 있는 제도샤프입니다. 0.3mm부터 0.9mm까지 다양한 규격의 샤프가 있는데, 구입하기는 쉽지만 같은 모양에 내부 부속이 다른 경우가 많아 확인을 한 후 구매해야 실수를 줄일 수 있습니다.

제도샤프

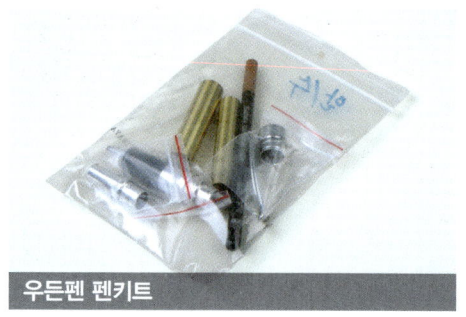
우든펜 펜키트

첫째, 동네 문방구에서 구입하는 경우 1000원 정도의 가격을 지불해야 구입할 수 있으나, 온라인이나 우든펜 카페 등에서는 50% 미만의 가격으로 구입이 가능합니다.

둘째, 제도샤프도 국산과 중국산 등 다양한 브랜드가 있는데, 일반적으로 중국산 제도샤프는 내부 부품의 품질이 국산에 비하여 떨어집니다.

셋째, 외형은 제도샤프이지만, 실제 그 안을 들여다보면 다른 형태로 제작되어 있는 샤프도 있습니다. 내부 메커니즘에 나사산(나사무늬)이 있는 제도샤프와 샤프 바디(몸통) 부분에 나사산이 있는 제도샤프가 있는데, 전자를 구입해야만 합니다.

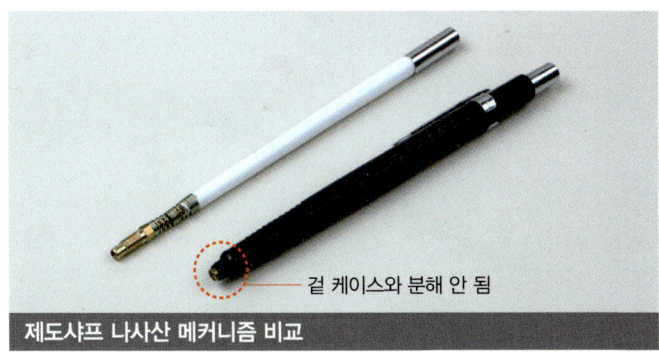
제도샤프 나사산 메커니즘 비교

마지막으로, 내부 메커니즘에 나사산이 있는 제품이더라도, 최근에는 생산원가를 절감하기 위해 '쟈크'라는 부분을 검정색 플라스틱으로 제작한 제품이 있습니다. 플라스틱으로 제작된 제품은 우든샤프를 만들어 조립할 때 작동이 잘 되지 않습니다. 따라서 반드시 쟈크 부분이 황동으로 되어 있는 제도샤프를 구입하여야 합니다.

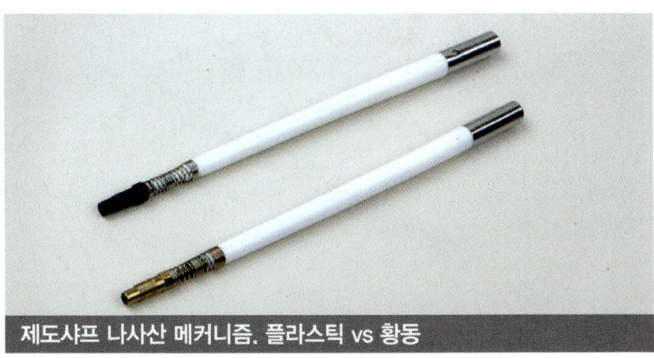
제도샤프 나사산 메커니즘. 플라스틱 vs 황동

한편 제도샤프의 원조격인 일제 '펜텔' 샤프의 경우 국산 제도 샤프 가격의 10배 수준이지만, 품질을 중요하게 여기는 분들은 이를 구입하여 우든샤프를 만들곤 합니다. 그러나 국산 제도샤프의 품질도 많이 향상되어 '펜텔' 못지않으므로 두 개의 제품을 비교해보고 구입하기 바랍니다.

일제 펜텔 샤프 vs 국산 제도샤프

일반적인 제도샤프 펜키트 이외에 2mm 굵기의 샤프심을 이용한 우든샤프를 제작할 수도 있습니다. 제도샤프는 0.3mm, 0.5mm, 0.7mm, 0.9mm 등 총 네 가지 굵기의 심이 있는데, 동일한 방법으로 우든샤프 터닝 후 메커니즘만 각 사이즈별로 장착하면 됩니다.

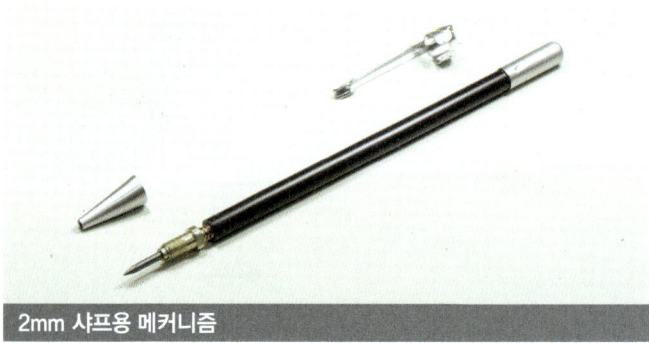

2mm 샤프용 메커니즘

그러나 2mm 샤프는 일반 제도샤프와는 달리 각 제조회사별로 내부 메커니즘이 다른 형태이기 때문에 제작방법 또한 동일하지 않습니다. 한국우든펜연구회에서는 2mm 샤프를 좀 더 내구성이 강하고 쉽게 만들도록 하기 위해 기존 판매 중인 샤프 매커니즘을 튜닝하여 소개한 바 있습니다. 드릴비트도 2mm 샤프에 맞는 별도의 드릴비트를 사용해야 합니다.

외국의 우든펜 제작은 볼펜, 수성펜, 만년필이 위주이고 기존 우든펜 메커니즘 디자인 및 형태를 띱니다. 물론 샤프 메커니즘이 내장되어 있는 키트도 있습니다. 우리나라에서는 샤프라고 불리지만, 영어로는 'mechanism pencil'이라고 하며, 외국의 우든펜 사이트를 검색해보면 몇 가지 종류의 키트를 구경할 수 있을 것입니다.

한편 일부 펜키트 제조회사에서는 기존의 우든펜 키트에 샤프 메커니즘만을 끼우면 간단하게 우든샤프로 변신하는 제품을 출시하기도 했는데, 이렇게 하면 우든펜과 우든샤프가 같은 디자인이 되어 세트로 구성하는 것도 가능합니다.

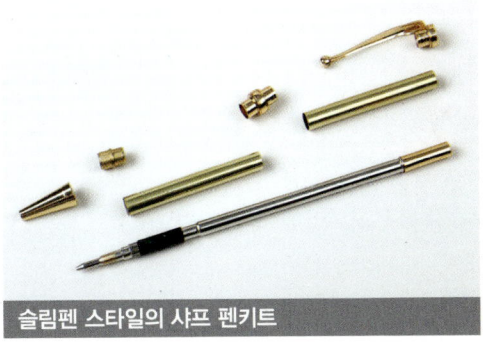

슬림펜 스타일의 샤프 펜키트

우든펜 겸용 샤프 메커니즘

우든펜용 펜키트 및 부싱

우든펜을 만들다 보면 펜키트 구매에 가장 많은 비용을 지출하게 됩니다. 소형 목선반이 100만 원 이내의 가격이더라도, 고급 만년필 펜키트 10자루면 목선반 가격을 초과할 정도로 만만치 않은 비용이 발생합니다. 그래서 처음 입문하는 분들은 슬림펜이나 스트림라인펜 같은 비교적 저렴한 펜키트를 구입하여 제작하게 됩니다.

일반적으로 펜키트는 해외 사이트에서 직구하는 방법과 국내 펜키트 판매처에서 구입하는 방법이 있습니다. 해외 사이트는 좀 더 다양한 종류의 펜키트를 경험할 수 있는 장점이 있으나, 직접 사용해보기 전까지 품질은 확신할 수 없으므로 샘플로 소량씩 구매해보는 것이 바람직합니다.

펜키트는 주로 중국이나 대만에서 제조되는데, 대만의 DAYACOM 사에서 제작된 펜키트가 품질이 가장 우수하다고 알려져 있습니다. 중국산 펜키트 중에는 품질이 다소 떨어지는 제품들이 있으니, 좋은 우든펜 결과물을 얻고자 한다면 가급적 검증된 품질의 펜키트를 구입하도록 합니다. 우든펜을 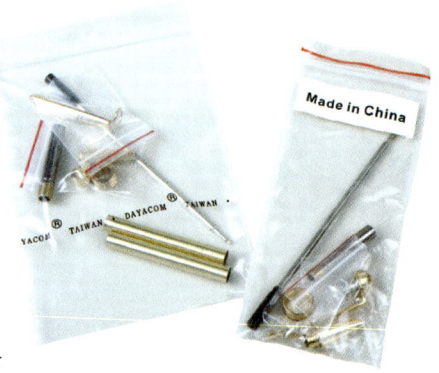 만들어서 선물 또는 판매를 하였는데, 얼마가지 않아서 부품이 망가지는 경우 우든펜 전체에 대한 이미지가 나빠질 수 있습니다. 앞으로 우든펜 문화가 발전하고 확산된다면, 우리나라에서도 우든펜 키트를 직접 디자인하고 제작하는 날이 오리라 기대합니다.

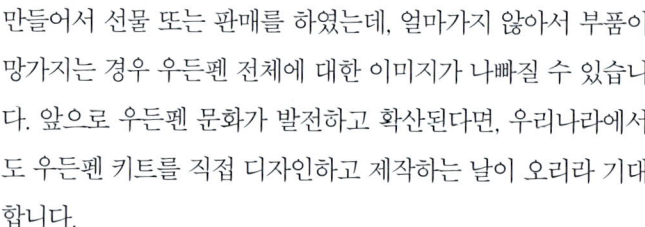

슬림펜용 부싱

알렉산더 부싱

우든펜을 제작하려면 펜키트와 더불어 부싱(Bushings)이라는 것을 함께 준비하여야 합니다. 부싱은 블랭크를 깎아나갈 때 어느 정도 두께까지 깎아야 하는지 가이드를 해주는 도구입니다.

부싱은 펜키트 구입처에서 함께 구입할 수 있는데, 펜키트가 1회용으로 만들어서 끝나는 것이라면 부싱은 사용방법에 따라 상당기간 사용할 수 있습니다. 물론 한 번 구입하여 영구적으로 사용할 수 있는 것은 아니므로 적당히 마모가 된 시점에서 교체해주는 것이 필요합니다.

일부 펜키트의 경우 동일한 부싱을 사용하기도 하므로 펜키트 구입 시 해당 펜키트가 고유의 부싱을 필요로 하는지를 먼저 확인하고, 만약 자신이 가지고 있지 않은 부싱이라면 함께 구입하도록 합니다.

펜프레스 고르기

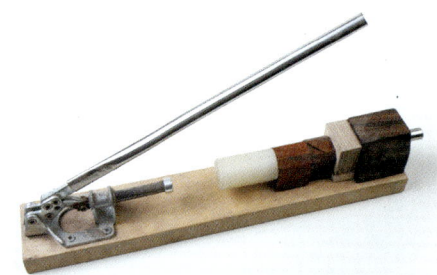
직접 만든 펜프레스

터너스프레스 펜프레스

우든펜에 입문하는 분들 중에는 어느 정도 목공을 배운 분들이 많습니다. 그래서 펜프레스처럼 직접 만들 수 있는 도구는 구입하기보다 제작해서 사용하곤 하지요. 펜프레스는 토글 클램프와 나사못, 그리고 약간의 나무만 있으면 쉽게 만들 수 있습니다. 이것저것 구입하다 보면 순식간에 예산이 100만 원 이상 넘어가기 때문에 펜프레스 같은 것은 제작을 하여 사용해야겠다는 생각이 드는 것도 무리가 아닙니다. 물론 펜프레스가 아닌 클램프를 이용하여 조립하는 경우도 있으나 상당히 불편하고 정교하지 못하므로 추천할 바는 되지 못합니다.

펜프레스를 만들어 사용할 때의 단점은 힘 조절이 용이하지 못하다는 것입니다. 용량이 큰 토글 클램프를 사용하여 제작하는 경우는 그나마 나은 편이지만, 작은 토글 클램프를 사용하여 제작하다 보면 토글 클램프가 휘기도 합니다. 토글 클램프가 아닌 볼트 형태의 막대를 돌려서 펜프레스를 만들 수도 있지만 제작 방법이 그리 쉽지 않습니다.

이런 여러 가지 이유로 펜프레스는 기성품을 구입하거나 목공용 바이스를 사용하게 됩니다. 기성 펜프레스는 여러 제품이 출시되고 있으나 Milecraft 사의 터너스프레스(TurnersPress)가 우수한 편입니다.

목공용 바이스는 펜 부품 조립 시 지렛대의 원리로 압착하는 펜프레스 방식이 아닌, 핸들을 돌려서 바이스로 조여지는 원리이므로 힘 조절이 용이합니다. 또한 펜프레스 역할 외에 원래의 바이스 용도로도 활용할 수 있으므로 일거양득이 될 수 있습니다.

목공용 바이스

기타 준비물 준비하기

지금까지 우든펜을 만드는 데 필수적인 공구와 부품을 살펴보았습니다. 이번에 소개하는 것들은 우든펜을 만들다 보면 처음에는 필요하지 않지만 어느 순간엔 필요하게 되는 용품들입니다.

버니어 캘리퍼스

우든펜 제작 시 각종 부품의 외경 및 내경을 측정할 때 사용됩니다. 가령 황동관의 외경이 얼마인지를 알아보려는 경우 일반적인 자로는 정확한 치수를 측정하기 힘이 듭니다. 황동관의 외경에 맞는 드릴비트를 찾으려면 이와 같은 원통 형태의 부품 직경을 측정하는 버니어 캘리퍼스가 필요한 것입니다. 버니어 캘리퍼스는 눈금 형태로 되어 있는 아날로그형과 측정 즉시 수치가 나오는 디지털형이 있습니다.

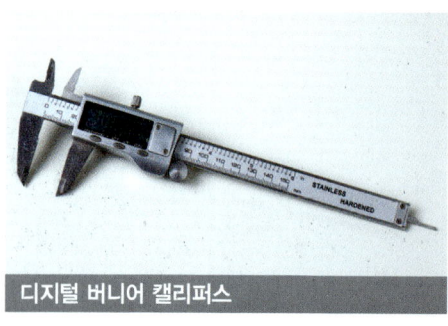

디지털 버니어 캘리퍼스

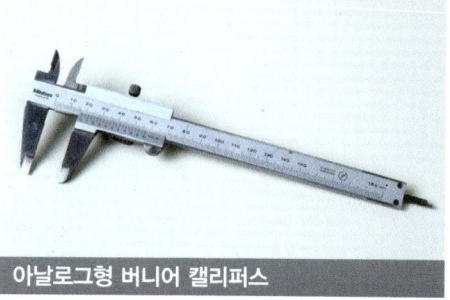

아날로그형 버니어 캘리퍼스

펜튜브 인서터

블랭크에 황동관을 삽입할 때 보통은 순간접착제 등 본드류를 사용하게 됩니다. 이때 손으로 황동관을 잡게 되면 본드가 손에 묻거나 떨어지지 않는 등 불편한 점이 있으므로 인서터와 같은 도구가 필요합니다. 이 방법 외에도 펜키트마다 황동관의 규격이 다르므로 기성 인서터를 구입하여 사용하는 대신 인서터와 비슷하게 생긴 '센터펀치'*를 이용하여 인서터의 용도로 사용하기도 합니다. 이밖에 접착용 실리콘 캡이 원통형 깔때기 모양이므로 이를 이용하는 방법도 있습니다.

센터펀치 둥근 쇠뭉치의 끝을 날카롭게 해서 중심점을 표시하기 위한 도구를 말합니다.

펜튜브 인서터

자작 펜튜브 인서터

유점토

펜튜브 메꿈이

황동관에 본드를 바르고 블랭크에 삽입하는 경우 외부에 발랐던 본드가 황동관의 내부로 흘러 들어가게 됩니다. 이렇게 되면 황동관을 삽입한 이후에 그 내부를 다시 깨끗하게 청소를 해야 하는 번거로움이 있습니다. 그래서 황동관이 들어가는 부위를 임시적으로 메꾸어 주는 것이 좋은데, 지우개를 얇게 잘라서 황동관으로 따내는 방법, 겨울철에 많이 나는 귤껍질을 이용하는 방법 등 여러 가지 방법이 사용되고 있습니다.

그중 하나가 바로 '유토'를 사용하는 것입니다. 유토는 '유점토'라고도 불리는 미술재료입니다. 찰흙처럼 여러 가지 모양을 만들 수 있으나 상온에서 밀봉하지 않고 두어도 굳지 않아 사용하기 편리합니다.

줄

일본말로 '야스리'라고 알려져 있습니다. 황동관을 블랭크에 삽입한 후 배럴트리머로 트리밍을 하다 보면 황동관이 납작하게 눌리는 경우가 발생합니다. 이렇게 된 상태에서 맨드럴이나 부싱에 황동관을 삽입하려면 잘 들어가지 않게 됩니다. 이때 줄을 사용하여 황동관의 눌린 부분을 갈아내 주는 것입니다. 우든펜 제작 시에는 일자형으로 납작하게 된 줄이 아닌 원통형으로 생긴 둥근 줄을 준비해두는 것이 좋습니다.

둥근줄

센터파인더

블랭크에 천공을 하려면 블랭크 단면의 센터를 잘 잡은 후 드릴 비트를 갖다 대어야 합니다. 이 경우 블랭크 단면을 대각선으로 그어 교차하는 부분을 센터로 잡게 되는데, 이를 쉽게 도와주는 것이 바로 센터파인더입니다.

센터파인더는 천공작업을 처음 하는 입문자에게는 어떤 부분이 센터인지 잘 모르므로 도움이 되지만 익숙해진 후에는 센터를 마크하지 않아도 감(짐작)으로 알 수 있으므로 반드시 필요한 도구라고 볼 수는 없습니다. 참고로 블랭크가 정사각형 형태일 때는 센터가 잘 잡히지만 직사각형 형태일 때는 센터를 잡기가 쉽지 않습니다.

센터파인더

집진기

목공 작업에 있어서 공구 사용의 안전은 아무리 강조해도 지나치지 않습니다. 그러나 안전 못지않게 신경 써야 할 부분이 나무나 여러 접착제에서 나오는 분진입니다. 미국에서 폐암이 많이 발생하는 직업 중의 하나가 목수라고 알려져 있듯이, 아무리 나무가 친환경 소재라고 해도 그 가루까지 친환경적이라고 생각해서는 안 될 것입니다.

따라서 목선반 작업을 할 때에는 집진장치를 가동시키고 방진 마스크를 착용하여 분진을 최대한 제거하도록 합니다. 다만 공방이나 공장에서 사용하는 커다란 집진기는 목선반 작업 시에 사용하기 어려울 수 있으므로, 사이클론 집진기*를 청소기 등에 장착하여 사용토록 합니다. 일반 청소기를 집진의 용도로 사용하기도 하는데 청소기의 집진 필터가 금방 가득차고 집진 능력이 상대적으로 떨어집니다. 사이클론 집진기는 집진 능력도 우수하지만 동시에 많은 양의 나무가루를 통으로 내보낼 수 있어 편리합니다.

사이클론 집진기 사진처럼 플라스틱 깔때기 부분 안에서 공기가 사이클론과 같은 회오리 바람의 형태로 작동하면서 흡입력을 높여주는 도구를 말합니다.

클램프

클램프는 배럴트리머를 사용하여 황동관이 삽입된 단면을 깨끗이 정리해줄 때 사용됩니다. 우든펜이 아니더라도 집성을 하거나 고정 작업을 할 때 꼭 필요한 공구이므로 목공에 관심이 있다면 구비해두는 것이 좋습니다.

클램프는 아주 작은 집게 모양의 클램프부터 1m가 넘는 대형 클램프까지 크기도 다양하고, 플라스틱부터 강철까지 재질도 다양합니다. 우든펜 제작을 목적으로 한다면 플라스틱 재질로 된 퀵 클램프 1~2개 정도만 구비하면 됩니다.

퀵 클램프

수분측정기

블랭크는 대개 건조된 상태에서 판매되지만, 간혹 비건조 상태의 블랭크를 구매할 수도 있습니다. 또는 통목이나 판재를 블랭크로 가공한 경우도 있을 수 있습니다. 이런 경우 블랭크 내 수분이 얼마인지 측정해야 합니다. 건조가 덜 된 블랭크를 사용하게 되면 우든펜 완성 후 크랙이 발생하거나 나무가 뒤틀릴 수 있기 때문입니다.

수분측정기는 건조 상태가 의심되는 블랭크의 수분을 측정합니다. 100% 의존할 필요는 없지만 수분측정기가 있다면 얼마나 비건조된 상태인지 가늠할 수 있으므로 도움이 됩니다. 보통 12% 이내로 수치가 나오면 사용가능하다고 볼 수 있습니다.

수분측정기

부싱 케이스

일부 펜키트의 경우 동일한 사이즈의 부싱을 사용할 때도 있지만 대개는 펜키트별로 고유의 부싱을 사용하여야 합니다. 이때 펜키트는 비닐 개별 포장 및 네임텍이 붙어 있어서 식별하기 어렵지 않으나, 부싱의 경우 다른 부싱과 섞이게 되면 이를 분리해 내기가 여간 어려운 것이 아닙니다. 따라서 별도의 부싱 케이스를 마련하여 펜키트를 구입할 때마다 구분하여 관리하는 습관을 들이도록 합니다.

부싱 케이스

펜 케이스

우든펜은 수제품이라서 일반 기성품과 달리 제작자가 펜을 담을 케이스까지 준비하여야 합니다.
가장 기본적이고 저렴한 케이스는 원통형 케이스로 우든샤프나 얇은 볼펜 등을 담을 수 있습니다. 이보다 조금 나은 케이스는 검은색 종이로 만든 것으로 일반 볼펜을 담는 판촉용 케이스로 많이 사용되는 제품입니다. 이 케이스 정도라면 아주 고급스러운 느낌은 아니지만 어느 정도 형식을 갖췄다고 볼 수 있습니다.

수제품으로 만든 우든펜을 원통형 케이스에 담는 것은 그다지 추천하고 싶지 않습니다. 직접 만든 우든샤프나 우든펜을 원통 케이스와 여타 펜 케이스에 번갈아 담아보면 아마 그 차이를 느낄 수 있을 것입니다. 원통형 케이스는 이동 시, 또는 가벼운 선물 용도로만 사용하길 권합니다.

원통형 케이스

종이 케이스

원통형 케이스에 담은 모습

종이 케이스에 담은 모습

벨벳, 인조가죽 철관 케이스

벨벳, 인조가죽 철관 케이스

벨벳, 인조가죽 철관 케이스

종이 케이스보다 조금 더 격조를 갖춘 케이스는 철관을 기본으로 한 레쟈 케이스 또는 벨벳 케이스입니다.

시중에 나온 펜 케이스가 맘에 들지 않다면 얇은 단판 등을 이용해서 직접 만들어도 좋습니다. 수제 우든펜에 수제 펜 케이스까지 갖춘다면, 우든펜을 위한 최상의 조합일 것입니다.

수제 원목 케이스

탁상그라인더 및 숫돌

탁상그라인더는 목선반칼을 연마할 때 필요한 제품입니다. 목선반칼을 탁상그라인더 없이 숫돌이나 사포로만 연마하는 것은 매우 어려운 일입니다. 특히 하이스강 재질의 목선반칼이 많이 사용되고 있는 상황에서 기본적인 날의 각도를 세우거나 연마할 때에는 탁상그라인더가 거의 필수입니다.

탁상그라인더

탁상그라인더는 매우 다양한 브랜드의 제품이 출시되고 있으며, 국내산 및 외국산 브랜드 모두 가격대비 품질이 비슷하므로 선호하는 브랜드 및 사이즈를 감안하여 구입하면 됩니다. 탁상그라인더의 연마석 사이즈는 5~12인치까지 다양하나, 일반적으로 6~8인치 연마석을 장착할 수 있는 종류가 많이 쓰입니다.

탁상그라인더는 평균 3000rpm이나 되는 고속회전 공구라서 연마석이 깨져 있거나 날에 부딪혀 깨지는 경우 매우 위험할 수 있으므로 사용 시 매우 조심해야 하며, 반드시 전문가에게 그 사용법을 숙지하고 사용토록 합니다. 탁상그라인더 외에도 습식 그라인더 등 고성능 연마 제품들이 있습니다. 하지만 가격이 만만치 않으므로 본인에게 적합한 기본 연마 공구를 구비하도록 합니다.

탁상그라인더로 일차적인 날물 연마를 하였다면, 숫돌이나 고운 사포로 연마를 마무리하는 것이 좋습니다. 숫돌도 사포와 마찬가지로 고운 정도에 따라서 여러 종류가 있으나, 800방 정도의 숫돌과 4000방 정도의 숫돌 두 가지를 준비하면 충분합니다.

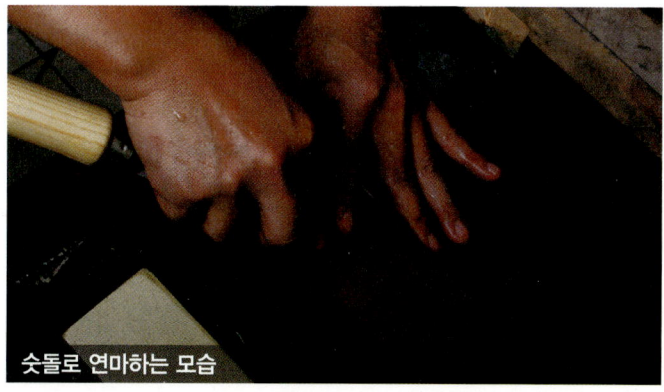
숫돌로 연마하는 모습

펜 분해 도구 세트

우든샤프와 달리 우든펜을 만들다 보면 조립과정에서 종종 실수를 하게 됩니다. 블랭크 선정부터 재단, 천공, 황동관 삽입, 터닝 등 각 단계를 잘 거쳐 왔는데 마지막 조립 단계에서 치명적인 실수로 망쳐 버린다면 매우 억울할 것입니다.

이런 경우 더 이상의 조치를 취하지 않고 '조립 오류도 작품 제작 과정의 일부다(?)'라고 마음 편히 넘기는 것이 현명할 수 있습니다. 왜냐하면 한 번 조립한 펜을 분해하다가 아예 망가뜨리는 경우도 적지 않기 때문입니다.

그럼에도 조립한 우든펜을 분해해야 한다면 황동관 내경에 맞는 사이즈로 구성된 핀을 이용하여 펜을 분해할 수 있습니다.

펜 분해 도구용 핀 세트

우든펜, 어디에서 배우고 만들 수 있을까요?

국내에서 우든펜 제작에 관한 기본 교육을 받을 수 있는 곳은 그다지 많지 않습니다. 서울에서 펜터닝 입문 교육을 받을 수 있는 공방은 2~3곳 정도이며, 경기도 지역에서도 용인 등 일부 공방에서만 입문 교육을 받을 수 있습니다. 물론 우든펜에 관심 있는 사람들이 늘어나면서 입문 교육을 준비하는 공방이 늘어나고 있는 추세이며, 온라인 검색을 통해서 해당 공방을 찾을 수 있습니다. 우든펜을 이미 만들고 있는 분 중에는 개인적으로 1:1 교육을 실시하는 분들이 있기 때문에, 온라인 커뮤니티에서 쉽게 배울 곳을 찾을 수도 있습니다.

입문 교육은 보통 하루 6~8시간 정도의 커리큘럼으로 이루어져 있습니다. 보통은 제도샤프 스타일의 우든샤프와 기본적인 우든펜(슬림펜 등)을 직접 만들어보는 과정입니다.

우든펜의 기본 전동공구인 목선반의 경우 타 공구에 비하여 크기도 작고 소음이 크지 않아서 아파트 베란다에 두고 사용할 수 있으므로 기본적인 방음, 방진시설을 갖춘다면 어느 공간에서든지 목선반을 구비하여 우든펜을 만들 수 있습니다. 다만 이런 환경에서는 날씨, 소음, 분진 등 여러 가지 제약이 있으므로, 목선반을 이용할 수 있는 근처 목공방을 찾아보거나 별도의 작업실을 마련하는 것이 바람직합니다. 만약 별도의 작업실을 마련하기에 금전적 부담이 된다면, 마음맞는 파트너와 함께 공동으로 작업공간을 빌리고 운영하는 것도 하나의 방법일 것입니다.

드릴비트,
한 번에 준비하기

펜키트마다 각각의 부싱이 사용되듯이 펜키트마다 달라지는 것 중의 하나가 드릴비트의 규격입니다. 드릴비트 사이즈는 비교적 여러 펜키

종류	튜브 외경	상단(뚜껑 부분)	
		순접 시 비트 (외경+0.2mm)	폴리우레탄 사용시 (외경+0.1mm)
슬림펜	6.8 mm	7.0 mm	6.9 mm
유러피안	6.8 mm	7.0 mm	6.9 mm
스트림라인(로드스터)	6.8 mm	7.0 mm	6.9 mm
소프트그립	6.8 mm	7.0 mm	6.9 mm
터치펜	6.8 mm	7.0 mm	6.9 mm
유러피안필리그리	6.8 mm	7.0 mm	6.9 mm
열쇠고리 키링	6.8 mm	7.0 mm	6.9 mm
티쳐펜	6.8 mm	7.0 mm	6.9 mm
엘레강스	7.8 mm	8.0 mm	7.9 mm
클래식	7.8 mm	8.0 mm	7.9 mm
뷰티펜	8.9 mm	9.1 mm	9.0 mm
루시다	8.9 mm	9.1 mm	9.0 mm
롱우드클릭펜	9.3 mm	9.5 mm	9.4 mm
패트리어트펜	9.3 mm	9.5 mm	9.4 mm
폴라리스	9.4 mm	9.6 mm	9.5 mm
CEO	9.4 mm	9.6 mm	9.5 mm
시가펜	9.8 mm	10.0 mm	9.9 mm
트러디셔날	9.8 mm	10.0 mm	9.9 mm
아메리카나수성펜/만년필	9.8 mm	10.0 mm	9.9 mm
씨크리트 키링	9.8 mm	10.0 mm	9.9 mm
다야콤 롤러볼(젠수성펜)	10.3 mm	10.5 mm	10.4 mm
시에라	10.4 mm	10.6 mm	10.5 mm
시에나	10.6 mm	10.8 mm	10.7 mm
개츠비	10.6 mm	10.8 mm	10.7 mm
우드워커	11.5 mm	11.7 mm	11.6 mm
젠틀맨 수성펜/만년필	11.5 mm	11.7 mm	11.6 mm
바론II	11.5 mm	11.7 mm	11.6 mm
세도나	11.5 mm	11.7 mm	11.6 mm
파나쉬(스펜더)	12.3 mm	12.5 mm	12.4 mm
알렉산더수성펜/만년필 (卍)	12.3 mm	12.5 mm	12.4 mm
알렉산더수성펜/만년필 (壽)	12.3 mm	12.5 mm	12.4 mm
주니어아서 수성펜/만년필	12.3 mm	12.5 mm	12.4 mm
주니어빅터만년필	12.3 mm	12.5 mm	12.4 mm
주니어마샬수성펜/만년필	12.3 mm	12.5 mm	12.4 mm
오리엔탈수성펜/만년필	12.3 mm	12.5 mm	12.4 mm
로만 하비스트	12.9 mm	13.1 mm	13.0 mm
스프링 블라썸	14.3 mm	14.5 mm	14.4 mm
체어맨 수성펜/만년필	14.5 mm	14.7 mm	14.6 mm
오리엔탈드래곤엠퍼러(드래곤)	14.5 mm	14.7 mm	14.6 mm

트에 공통적으로 사용되므로 자신이 가지고 있는 드릴비트를 정확하게 파악하고 있어야 나중에 중복 구매를 하지 않게 됩니다. 만약 드릴비트를 한꺼번에 구매하고자 한다면, 아래의 표를 보고, 앞으로 자신이 만들고자 하는 펜키트에 필요한 드릴비트를 준비해두는 것도 좋을 것입니다.

튜브 외경	하단(펜촉 부분)	
	순접 시 비트 (외경+0.2mm)	폴리우레탄 사용시 (외경+0.1mm)
6.8 mm	7.0 mm	6.9 mm
6.8 mm	7.0 mm	6.9 mm
6.8 mm	7.0 mm	6.9 mm
6.8 mm	7.0 mm	6.9 mm
6.8 mm	7.0 mm	6.9 mm
6.8 mm	7.0 mm	6.9 mm
-	-	-
7.8 mm	8.0 mm	7.9 mm
7.8 mm	8.0 mm	7.9 mm
-	-	-
-	-	-
-	-	-
-	-	-
-	-	-
9.8 mm	10.0 mm	9.9 mm
9.8 mm	10.0 mm	9.9 mm
9.8 mm	10.0 mm	9.9 mm
-	-	-
-	-	-
-	-	-
9.8 mm	10.0 mm	9.9 mm
9.8 mm	10.0 mm	9.9 mm
9.7 mm	9.9 mm	9.8 mm
9.7 mm	9.9 mm	9.8 mm
10.3 mm	10.5 mm	10.4 mm
10.3 mm	10.5 mm	10.4 mm
10.3 mm	10.5 mm	10.4 mm
10.3 mm	10.5 mm	10.4 mm
10.3 mm	10.5 mm	10.4 mm
10.3 mm	10.5 mm	10.4 mm
10.3 mm	10.5 mm	10.4 mm
12.1 mm	12.3 mm	12.2 mm
8.5 mm	8.7 mm	8.6 mm
11.7 mm	11.9 mm	11.8 mm
11.7 mm	11.9 mm	11.8 mm

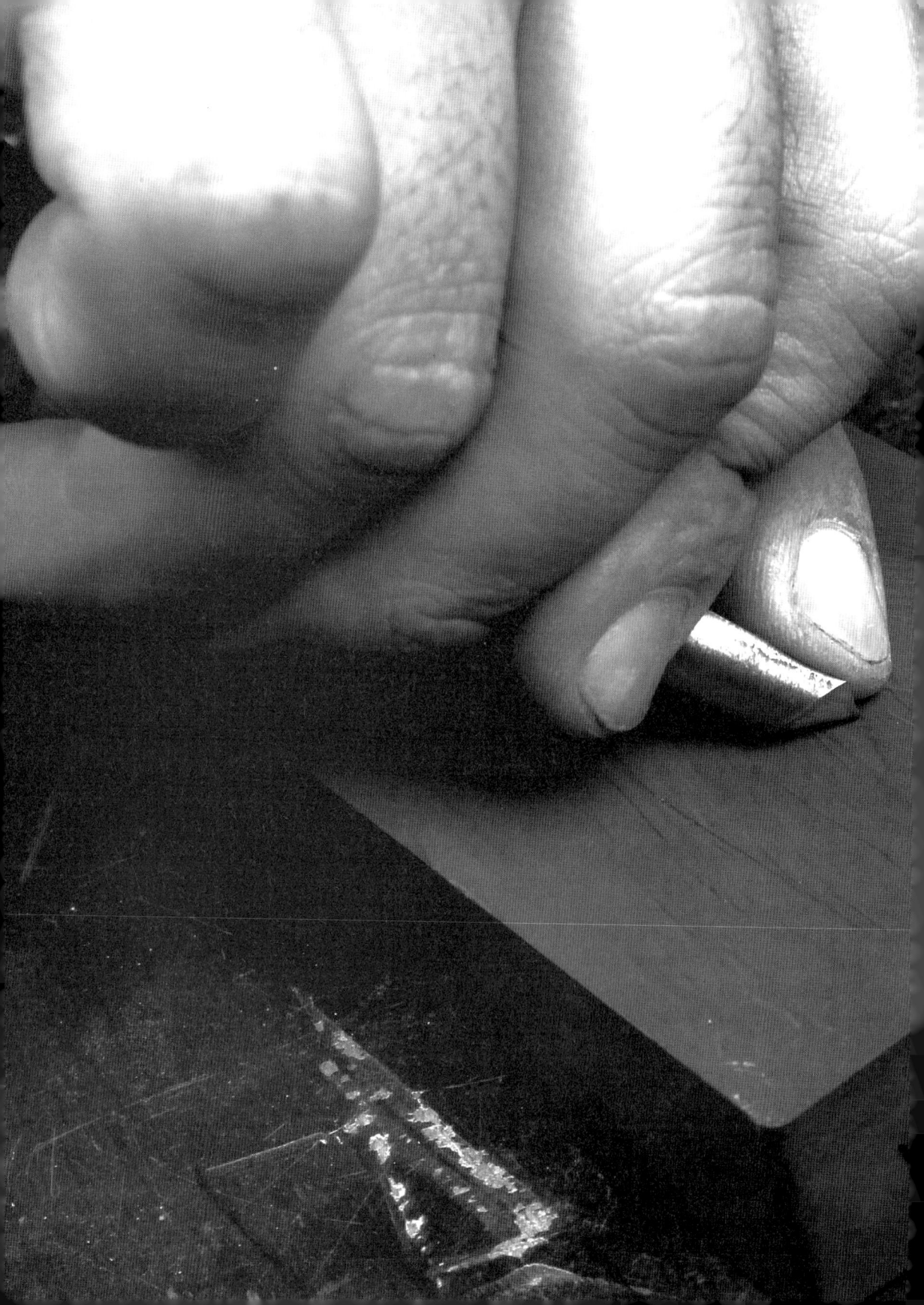

PART 2

목선반과 목선반칼 사용방법 익히기

우든펜을 만들기 위해 필요한 공구 및 준비물을 살펴보았습니다. 목공에 처음 입문하는 분이라면 생소한 용어에 조금 이해가 어려웠을 수도 있습니다. 다시 한 번 차근차근 읽어보면서 용어에 대해 익숙해지길 바랍니다. 선행학습 개념이었던 지난 단원에 이어서 이번에는 우든펜을 만들기 위한 용품의 작동법을 본격적으로 설명해드리고자 합니다.
가장 기본인 목선반부터 시작해 목선반칼을 사용하는 요령에 대해 확실히 익힐 수 있도록 합니다.

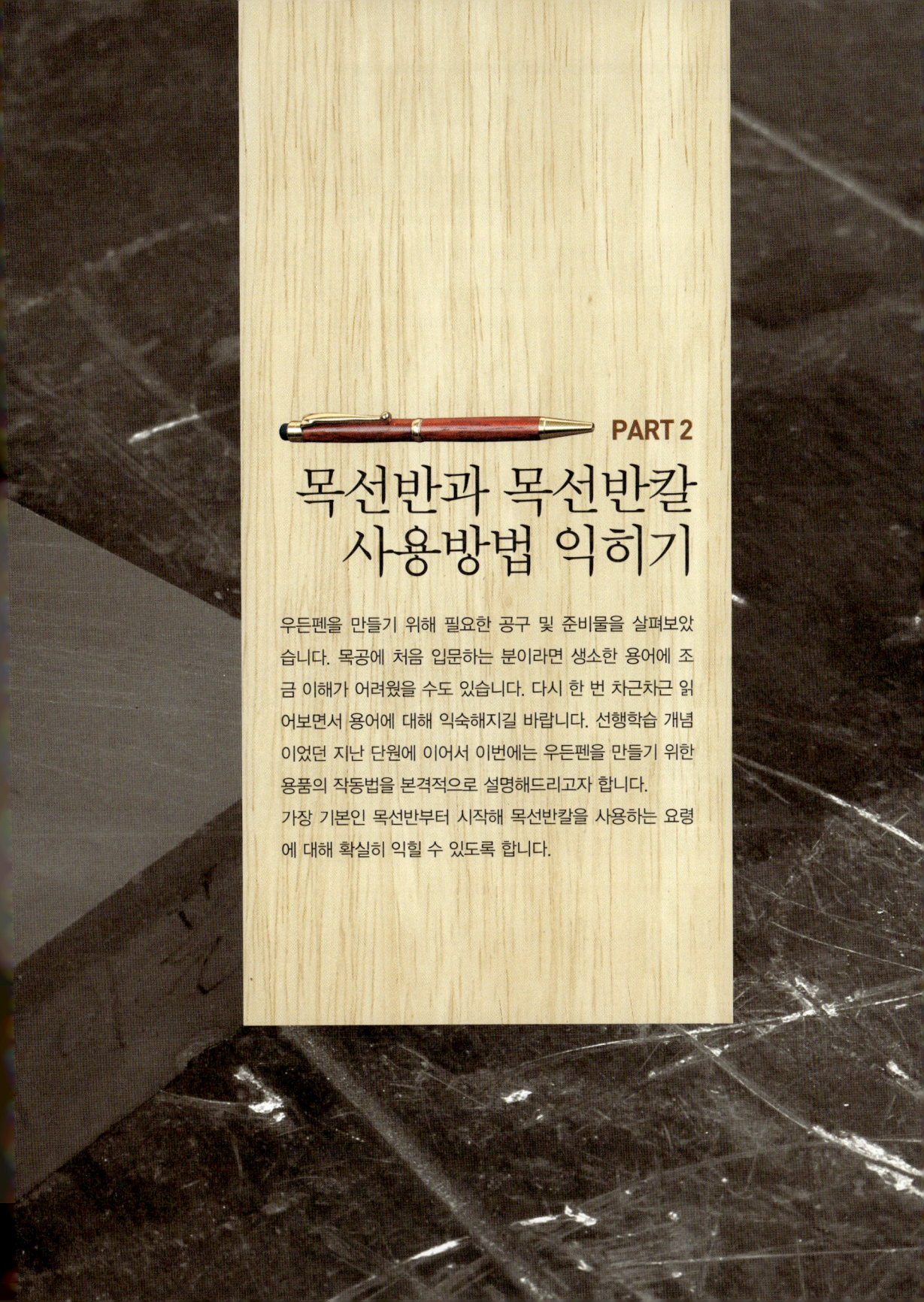

목선반의 이모조모

목선반을 구입하려고 인터넷 검색을 하다 보면 모델명이 대부분 숫자 4자리로 되어 있는 것을 발견할 수 있습니다. (예 : 1018, 1218, 1221, 1236…) 이 숫자가 의미하는 바가 있으니 알아두는 것이 좋습니다.

먼저 앞 2자리는 목선반에서 가공할 수 있는 목물의 최대 직경(인치 단위)을 뜻합니다. 예를 들어 '1018' 모델의 경우 최대 지름 10인치(약 25.4cm)의 목물을 가공할 수 있다는 의미입니다. 뒷 2자리는 목선반에서 가공할 수 있는 목물의 최대 길이(인치 단위)를 뜻합니다. '1221' 모델의 경우 21인치(약 50cm) 길이의 목물을 가공할 수 있습니다. 중형 목선반이나 대형 목선반은 이 수치가 더 올라갑니다.

한편 모델명 뒤에 VS가 붙는 제품이 있는데, Variable Speed 이란 뜻으로 속도조절이 용이한 모델을 가리킵니다. 동일한 모델이라도 VS가 붙어 있으면 가격은 더 비싸겠지만 사용의 편리성은 그만큼 더해질 것입니다.

목선반 주요 부위 명칭

목선반 사용법에 대해 알아보기 전에 목선반의 주요 부위에 대한 명칭과 기능부터 살펴보겠습니다.

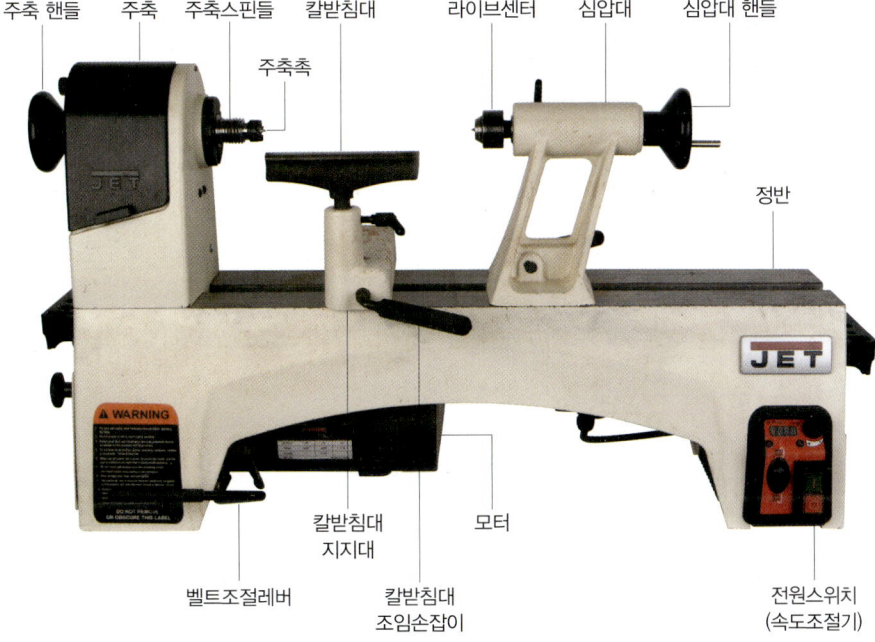

모터 | 목선반의 하단 가운데 부분에는 동력을 발생시키는 모터가 부착되어 있습니다. 소형 목선반은 보통 1/2~1마력 사이의 모터가 사용되는데, 마력이 높은 모터일수록 모터의 힘이 세서 조금 큰 목물을 가공하더라도 힘이 딸리지 않습니다. 그러나 우든펜을 터닝함에 있어서는 1/2~1마력 정도도 무난하므로 무조건 큰 힘을 지닌 목선반을 준비할 필요는 없습니다. 모터를 통해 동력이 전달되는 부위는 사진에는 가려져 있으나, 내부를 들여다보면 보통 3~6개 정도의 벨트를 물릴 수 있는 풀리(motor pulley, spindle pulley)를 확인할 수 있습니다.

주축 | 풀리를 통해 전달되는 힘이 전달되는 부위를 주축(headstock)이라고 합니다. 주축에는 면판(face plate)과 주축촉(spur center 또는 dead center)이 장착되어 있으나, 우든펜을 만들 때에는 이 두 가지 부품은 모두 떼어내고 사용하게 됩니다. 면판과 주축촉은 목선반의 여타 기능을 위해 필요할 수 있으므로 버리지 말고 별도로 보관해두기 바랍니다.

심압대와 라이브센터 | 주축으로부터 맨드럴을 통해 전달되는 운동을 지지해주는 부위가 심압대(tailstock) 및 라이브센터입니다. 주축촉이 일체형으로 고정되어 있다면, 라이브센터는 몸통과 가운데 라이브센터의 촉 부분이 베어링을 통해서 회전하기 때문에 라이브센터(live center)라는 명칭이 붙었습니다. 예전의 펜터닝 방법에서는 라이브센터가 중요한 역할을 하였으나, 최근에는 맨드럴 보호대를 이용하는 펜터닝 방법이 주로 사용되고 있어 라이브센터도 주축촉과 마찬가지로 그다지 쓸 일은 없지만, 나중을 위해 별도 보관하기 바랍니다.

정반(=베드) | 목선반의 가장 중심에 있으면서 쇠로 된 묵직한 받침 부분을 정반(bed)이라고 합니다. 통상 주물로 만들어져 있기 때문에 모터로부터 동력을 전달받아 목물이 회전하더라도 목선반이 안정적으로 지탱할 수 있습니다. 목선반에 따라 가공할 수 있는 길이가 짧을 때에는 정반을 확장시켜 사용할 수 있도록 보조정반을 별도로 판매하기도 하나, 우든펜에서는 필요가 없으며 소형 목선반에서 정반을 확장시켜 사용하는 것 또한 그다지 바람직하지 않습니다. 정반을 확장시켜야 할 정도로 긴 부재를 가공해야 한다면 모터의 힘이 강한 중형 또는 대형 목선반에서 작업하는 것이 안전합니다.

칼받침대와 칼받침대 지지대 | 목선반 중앙에는 목선반칼을 받칠 수 있는 칼받침대(tool rest)와 칼받침대를 받치고 있는 칼받침대 지지대(tool rest body)가 있습니다. 심압대와 칼받침대 지지대는 모두 원하는 위치로 움직여 조임손잡이(lock handle)로 고정시킬 수 있습니다.

전원스위치와 속도조절기 | 전원스위치 옆에는 대개 속도조절기가 함께 있으나, 속도조절기가 따로 존재하지 않는 모델도 있습니다.

목선반 사용법

자, 이제 목선반의 기본적인 사용법을 JET1221 VS 모델 제품을 통해 익혀보도록 하겠습니다.

전원 켜기

스위치를 켜면 모터로부터 동력이 발생되어 주축에 힘이 전달되어 회전이 시작됩니다. 아직 면판이나 주축이 장착되어 있는 상태라면, 심압대가 주축촉의 끝부분에 거의 닿을 수 있도록 심압대의 위치를 옮겨놓도록 합니다. 심압대를 가까이 대고 있지 않다가는 회전력에 의해서 주축촉이 총알처럼 튕겨나갈 수 있어 매우 위험합니다.

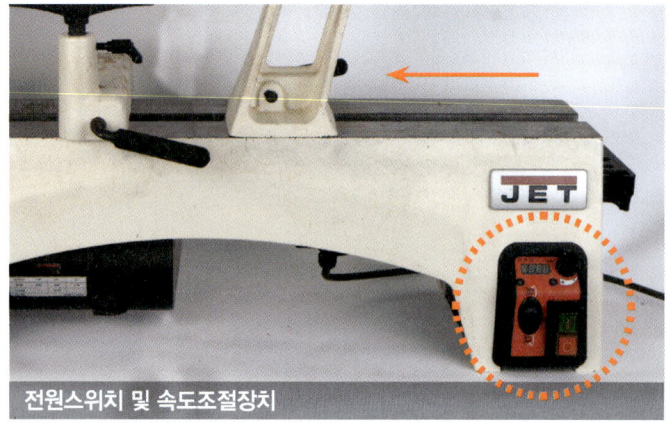

전원스위치 및 속도조절장치

축 정렬 확인

목선반의 품질을 좌우하는 가장 큰 요인 중 하나는 주축촉과 심압대의 라이브센터 촉이 얼마나 잘 정렬(alignment)되어 있는지 여부입니다. JET와 같은 비교적 이름 있는 목선반은 축 정렬이 잘 되어 있으나, 저가의 목선반은 그렇지 않은 경우가 있어 터닝 시 여러 가지 문제가 발생할 수 있습니다. 따라서 맨 처음 목선반을 받게 되면 축 정렬이 잘되어 있는지부터 확인토록 합니다. 지나치게 정렬이 어긋나 있다면 구입 자체를 취소하거나 교환을 심각하게 고려해야 할 것입니다.

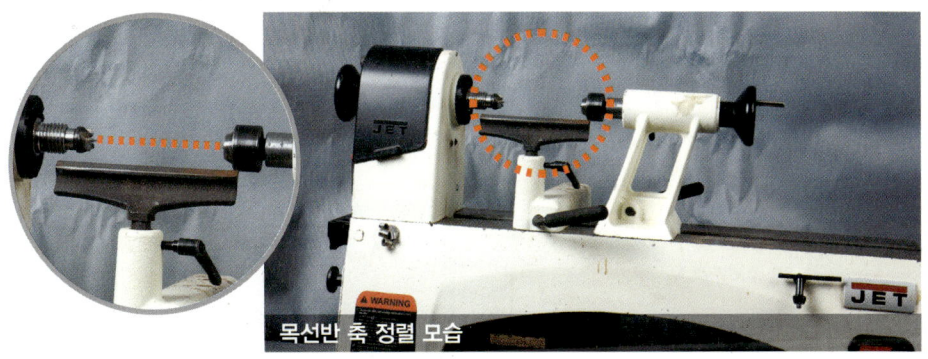
목선반 축 정렬 모습

주축촉 꺼내기

이제 목선반의 주축 스핀들에 꽂혀 있는 주축촉을 꺼내보겠습니다. 우든펜을 만들려면 주축촉 대신 맨드럴을 넣어야 하므로 일단 주축촉을 제거해야 합니다. 날카로운 주축촉을 힘만으로 꺼내려고 하다가는 자칫 부상을 입기 쉽습니다. 주축촉을 꺼낼 때는 목선반과 함께 딸려온 기다란 쇠막대봉인 드리프트 로드(drift rod) 또는 녹아웃 로드(knockout rod)를 주축의 핸들 한가운데 있는 구멍에 넣고 가볍게 몇 번 두들겨 줍니다. 오른손으로는 주축촉이 튀어나가지 못하도록 가볍게 쥐어줍니다. 맨드럴을 빼낼 때도 이와 동일하게 하면 됩니다. 최근 JET1221 VS 모델과 같은 제품은 면판과 주축촉을 꺼낼 때 육각렌치를 이용하여 나사를 풀어주어야 함을 특히 유의해야 합니다.

주축촉 제거 전

주축촉 꺼내기

그런데 주축 스핀들이 아닌, 심압대 스핀들에 아바 등을 삽입하는 경우가 있습니다. 목선반에서 천공을 할 때가 바로 이런 경우인데요. 심압대 스핀들에서 아바 등을 꺼낼 때는 드리프트 로드로 툭툭 쳐서 꺼내는 것이 아니라, 심압대의 핸들을 돌려서 심압대 안쪽으로 스핀들을 끌어당기는 것입니다. 그러면 스핀들 안에 박혀 있던 아바가 자동으로 빠져나오게 됩니다.

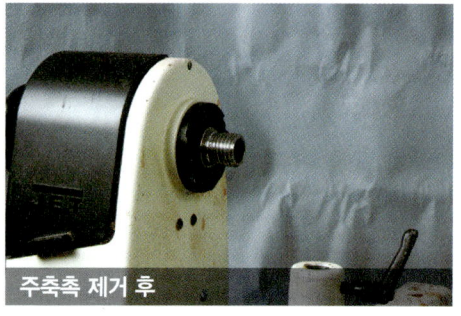

주축촉 제거 후

블랭크 천공 준비

블랭크 천공 모습

맨드럴을 주축 스핀들에 삽입하기

맨드럴을 주축 스핀들에 삽입하여 보겠습니다. 맨드럴을 주축 스핀들에 삽입하는 이유는 주축에서 동력을 전달받아 맨드럴을 회전시켜야 블랭크를 깎을 수 있기 때문입니다. 주축 스핀들에 맨드럴을 삽입할 때 주의해야 할 것은 일단 스핀들 내부에 남아 있는 오염물질이나 먼지 등을 제거한 후 맨드럴을 삽입해야 한다는 것입니다.

새 목선반일 경우 내부에 기름이 남아있을 수 있기 때문에 천을 집어넣어 닦아주는 것이 좋습니다. 사용 중이던 목선반이더라도 맨드럴을 삽입하기 전에는 항상 손가락이나 입김을 이용해 내부를 깨끗이 해줘야 합니다. 톱밥 등이 남아있는 상태에서 맨드럴을 삽입하면 맨드럴에 미세한 축 정렬 이상을 발생시키고, 이는 편심의 원인이 될 수 있습니다.

주축 스핀들 내부 이물질 제거 모습

맨드럴 삽입하는 모습

앞에서 목선반을 설명할 때 간단히 언급했던 MT1과 MT2를 기억하십니까? MT1 사이즈의 목선반을 가급적 피해야 하는 이유는 대개의 맨드럴에 사용되는 아바의 규격이 MT2 사이즈이며 스핀들 내부 규격도 MT No.2에 해당하기 때문입니다.

다만 MT2 사이즈의 아바를 사용하더라도 장착하는 드릴척의 규격에 따라 아바의 JT 규격*이 달라짐에 유의하여야 합니다. 일반적으로 13mm 또는 16mm의 드릴척을 장착하는 경우의 JT 규격은 No.6에 해당하는 아바여야 합니다. 만약 목선반에 사용되는 드릴척의 사이즈를 변경하고 싶다면, 아래의 표를 참고하여 드릴척과 아바를 각각 준비하기 바랍니다.

JT(Jacob's Taper) 규격
아바에 연결되는 드릴척 사이즈를 말합니다.

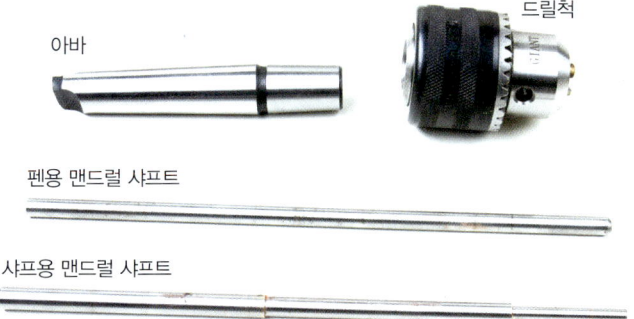

	MT 규격	JT 규격	장착가능드릴척
아바1 (MT2-JT1)	MT2	JT1	6.5mm 드릴척
아바2 (MT2-JT2)	MT2	JT2	10mm 드릴척
아바3 (MT2-JT6)	MT2	JT6	13mm 및 16mm 드릴척
아바4 (MT2-JT3)	MT2	JT3	19mm 드릴척

맨드럴의 아바 부분을 주축의 스핀들에 삽입할 때 힘으로 세게 밀어 넣을 필요는 없습니다. 경사(Taper)신 구조로 되어 있기 때문에 심압대 조절에 따라 자연스럽게 최대한 압착이 됩니다.*

* 심압대 조절 부분은 실습 부분에서 자세히 설명드리겠습니다. (118~123쪽 참조)

속도조절하기

목선반의 종류에 따라 차이가 있으나 통상 목선반의 회전속도는 최대 3600rpm정도까지 나옵니다. 3600rpm은 분당 3600바퀴를 회전하는 속도를 의미합니다. 맨드럴에 블랭크를 물리지 않고 봉이나 접시 등을 가공할 때에는 목물의 사이즈에 따라 회전속도를 조절해야 합니다. 이때 속도조절은 풀리의 벨트 위치를 옮기는 방법에 의한 것과 전원스위치 박스에 붙어 있는 속도조절기에 의한 방법이 있습니다.

풀리에 장착되어 있는 벨트의 위치를 옮기려면 모터 앞부분에 있는 고정 손잡이(벨트조절레버)를 풀어 모터를 들어 올린 후 풀리 사이에 감겨 있는 벨트를 움직이면 됩니다.*

* 목선반 모터 앞부분에는 손잡이가 두 개 있는데, 손잡이의 조정 방법은 목선반마다 다르나 하나는 고정시키는 손잡이이고, 다른 하나는 모터를 들어 올리거나 내리는 기능을 합니다. 고정된 손잡이를 풀어주고 모터를 들어 올리면 풀리 사이에 감겨 있는 벨트를 이동할 수 있습니다.

풀리

벨트조절레버

벨트는 풀리의 사이즈 직경이 큰 쪽에서 작은 방향으로 먼저 옮기고, 그런 다음 작은 쪽에서 큰 방향으로 옮기는 것이 쉽습니다. 그런데 이렇게 벨트를 옮기고 나면 벨트의 텐션(장력)을 어느 정도로 해주는지에 따라서 목선반에 소음이 달라지는 경우가 있습니다. 벨트는 동력을 전달하는 기능을 하기 때문에 지나치게 강한 텐션으로 세팅할 필요가 없으며, 그럴 경우 오히려 선반에서 마찰음이 크게 날 수 있으므로 주의해야 합니다.

목선반 벨트 장력 확인

JET1221 모델은 텐션의 최대치를 자동으로 제어하는 기능이 탑재되어 있으나, 다른 모델들은 그렇지 않으므로 눌러봐서 벨트가 벗겨지지 않고 적당한 텐션을 유지하는지 체크하는 정도로 세팅을 합니다. 벨트를 원하는 위치에 세팅했다면, 벨트조절 레버를 처음과 반대의 순서로 작동시켜 고정시켜줍니다.

목선반칼 사용법

목선반칼은 용도에 따라 다양하게 선택 가능합니다. 그러나 이 책은 우든펜 제작에 관한 것인 만큼 우든펜 터닝을 위한 목선반칼 사용법 위주로 설명하겠습니다. 일반적으로 우든펜 터닝용 3종 목선반칼 세트는 환칼(gouge), 창칼(skew), 절단칼(parting tool)로 구성되어 있습니다. 여기에 어느 정도 칼 사용이 익숙해진 분들은 평칼(끌과 비슷한 모양의 칼)을 사용하여 작업을 하기도 합니다.

환칼 사용법

날의 형태가 둥그스름한 모양을 띠고 있는 우든펜 전용 환칼은 각재 상태의 블랭크를 다듬기 위한 용도로 사용되며 비교적 많은 양의 나무를 덜어내기가 쉽습니다. 환칼은 목선반에서 우든펜 터닝 작업 시 90% 이상을 사용하므로 그 사용법을 확실하게 익혀야 합니다.

환칼

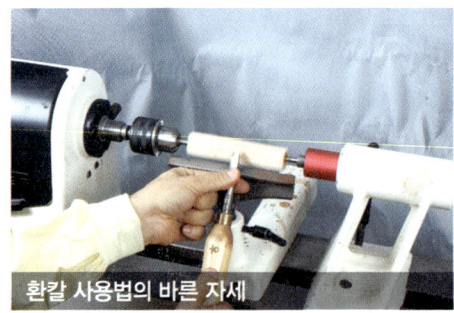

환칼 사용법의 바른 자세

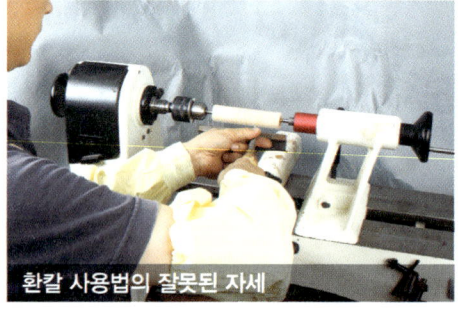

환칼 사용법의 잘못된 자세

환칼 손잡이 부분이 날 끝부분보다 올라가지 않게 주의한다.

환칼은 왼손 엄지를 제외한 손가락으로 아랫부분을 감싸고 왼손 엄지로 덮어줍니다. 칼받침대의 종류 및 위치에 따라 손가락 전체를 사용하는 것이 불편하다면 왼손 검지로 받쳐주고 엄지로 덮어줍니다. 오른손은 가볍게 손잡이를 감싸 쥐는데, 손잡이 부분이 환칼의 날 끝부분보다 올라가지 않도록 조심해야 합니다. 만약 환칼을 쥐고 있는 오른손이 더 위로 올라가게 되면, 칼받침대와 블랭크 사이로 칼이 말려 들어가는 수가 있고, 이때 자칫 잘못하다가는 오른손에 부상을 입는 위험한 상황이 발생할 수 있습니다. 환칼로 블랭크를 터닝하는 방법은 다음과 같습니다.

- 환칼의 날 등 부분을 블랭크에 가볍게 착륙하듯이 붙입니다.
- 각재 상태의 블랭크가 회전하면서 날 등과 부딪힐 때 예상치 못한 진동과 소음이 나므로 겁이 날 수 있으나 침착하게 환칼의 날 부분이 블랭크와 만나도록 천천히 이동시킵니다.
- 날이 블랭크와 만나게 되면 나무먼지가 발생하게 되며, 이 부분이 커팅포인트가 됩니다. 좌우 이동을 하면서 터닝을 진

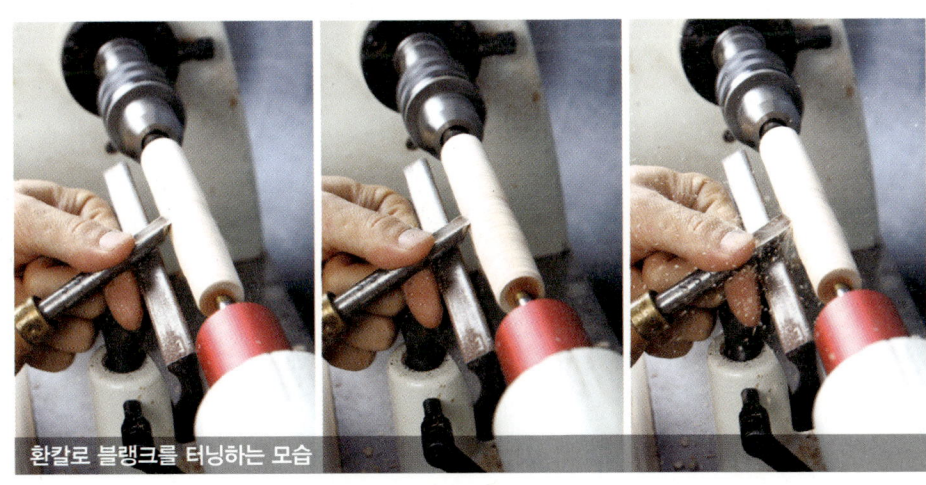

환칼로 블랭크를 터닝하는 모습

행합니다.
- 환칼의 날끝으로만 터닝을 하게 되면 깎이는 양이 적을 뿐더러 시간도 오래 걸리므로 날끝에서 좌우로 나 있는 날선을 이용하여 터닝을 해줍니다.

이때 환칼은 블랭크의 가운데 부분에서 좌우 양방향으로 자유롭게 이동할 수 있습니다. 다만 블랭크 끝부분에서 블랭크 중심으로 이동하려 할 때, 블랭크를 완전히 벗어난 상황에서 들어오는 것은 옳은 방법이 아닙니다.

날이 잘 연마되어 있다면 칼에 비교적 힘을 주지 않아도 목물이 잘 가공되지만, 날이 잘 연마되어 있지 않은 상태라면 오른손과 어깨 등에 힘이 가해지고 블랭크를 지탱하는 맨드럴에도 힘이 전달됩니다. 이렇게 되면 목물에 편심이 발생하게 되어 잘못된 결과물이 나올 수 있으므로 언제나 날물이 잘 연마되어 있는 상태를 유지하도록 합니다. 초보자라면 환칼의 날물 연마가 제일 어렵습니다. 인터넷 동영상이나 주변분들에게 연마법을 배우면서 날물 연마를 위한 노력을 부단히 하기 바랍니다.

창칼 사용법

창칼은 날이 비스듬하게 서 있으며 양면으로 날이 나 있습니다. 창칼의 용도는 환칼을 통해 덜어낸 나무결을 좀 더 고운면으로 다듬고, 원하는 디자인으로 좀 더 정확하게 표현하며, 최종 두께를 맞추기 위한 것입니다. 창칼의 사용법은 환칼에 비하여 많이 어렵습니다. 잘못 사용

킥백 현상 목선반칼이 블랭크(목물)에 부딪혀서 튕겨 나오는 현상을 말합니다.

시 킥백 현상*이나 칼날이 나무 속에 박혀 목물이 훼손되는 상황이 발생하므로 정확한 사용법을 숙지하여야 할 것입니다.

창칼을 쥐는 방법은 환칼과 거의 비슷합니다. 왼손검지와 엄지로 창칼의 위아래 면을 가볍게 잡고 터닝하는데, 이때 창칼의 날 방향에 유의하여야 합니다. 창칼의 모서리 부분이 자신의 몸으로부터 가장 멀리, 블랭크에 가장 가깝게 위치하도록 하여야 합니다. 창칼도 환칼과 마찬가지로 칼의 뒷면이 블랭크에 먼저 닿게 한 다음, 서서히 창칼의 날이 블랭크에 닿아 먼지가 발생하는 지점을 찾아냅니다. 그리고 칼의 날이 서있는 방향으로 전진하여 나아갑니다. 여기서 절대 해서는 안 되는 행위가 바로 칼을 후진시키는 것입니다. 창칼은 전진하는 방향으로만 사용해야지 후진시키면 킥백이 일어날 수 있습니다.

창칼 사용법의 바른 자세

창칼 잘못된 사용방향

창칼을 왼쪽에서 오른쪽으로 사용하는 자세

창칼을 왼쪽에서 오른쪽 방향으로 터닝하는 자세

그런데 창칼을 전진하는 방향으로만 사용해야 한다고 하면 창칼을 처음 사용하는 분들은 간혹 앞 페이지의 사진('창칼의 잘못된 사용방향' 참조)처럼 작업하는 분이 계십니다. 일반적으로 창칼은 오른쪽에서 왼쪽 방향으로 터닝해 나가지만 왼쪽에서 오른쪽으로 터닝할 수도 있는데 이때는 몸의 자세를 선반과 수직이 되도록 틀어주는 것이 편리합니다.

그러려면 최초의 창칼의 위치에서 자신을 기준으로 했을 때 칼의 위치를 180도 회전시켜주어야 합니다. 이렇게 위치를 바꾸더라도 창칼의 모서리 끝부분은 항상 맨 위쪽에 위치하게 됩니다.

창칼은 환칼처럼 많은 양의 나무를 덜어내는 것이 목적이 아니라서 과일 껍질을 깎듯이 칼날과 목물의 접합 각도를 얇게 유지시켜야 합니다. 간혹 환칼로 많은 양의 나무를 덜어내지 못한 분들이 창칼의 날을 좀 더 세워 많은 양의 나무를 덜어내고자 하는데, 이런 경우 블랭크에 칼이 찍힐 수 있습니다. 따라서 환칼로 충분히 사전 작업을 진행한 다음 창칼을 이어서 사용해야 합니다.

절단칼 사용법

파팅툴이라고 더 많이 알려져 있는 이 칼의 용도는 말 그대로 절단을 하기 위한 칼입니다. 우든펜 터닝에 있어서는 거의 사용할 일이 없으나 우든샤프를 터닝할 때나 블랭크의 남는 부분을 잘라버릴 때, 또는 우든샤프 팁 부분의 장부를 만드는 경우에 사용합니다.*

절단칼은 칼날을 맨드럴에 평행하게 위치한 다음 맨드럴 방향

* 유러피안 펜의 장부(tenon)를 만드는 경우에도 절단칼을 사용합니다.

으로 밀어 넣는 방식으로 사용합니다. 환칼이나 창칼처럼 깊고 좁은 홈을 만드는 경우에도 유리하게 사용할 수 있습니다.

절단칼 사용법의 바른 자세

절단칼 사용법의 잘못된 자세

평칼 사용법

평칼은 끌과 거의 같은 모양이지만 날 부분의 각도가 좀 더 예리하게 연마되어 있습니다. 창칼의 대체 또는 보완적인 용도로 사용되며 개인에 따라 사용하는 방법이 제각각이지만 기본적인 사용방법은 창칼과 많이 비슷합니다.

평칼 사용법의 바른 자세

평칼을 사용할 때는 경사진 부분이 아래를 향하게 해야 합니다. 반대로 뒤집어서 사용하는 경우 킥백이 발생할 수 있습니다. 또한 날을 블랭크에 대는 방향도 창칼처럼 맨드럴과 평행한 방향이 아닌 맨드럴에 비스듬하게(30~60도) 유지하면서 사용하도록 합니다.

목선반칼 연마법

목선반칼을 연마하는 것은 오랜 숙련자를 제외하고는 모두가 힘들어하는 어려움 중 하나입니다. 그러나 어렵다고 안 할 수는 없는 일. 목선반칼을 연마하는 방법 중 가장 많이 활용되는 방법을 소개하겠습니다.

평칼 & 창칼 연마하기

칼날면이 평평한 평칼과 창칼은 그라인더가 멈춰진 상태에서 칼날의 각도를 표시합니다. 제일 먼저 창칼의 모든 면에 그라인더와 맞닿는 부분을 매직으로 칠합니다.
그런 다음 그라인더를 손으로 돌리면서 닿는 면이 선반 칼날의 중앙인지 확인합니다. 검정색 매직으로 칠해진 부분이 갈려지기 때문에 중앙에 닿는지 쉽게 확인할 수 있습니다. 아래의 오

창칼에 매직으로 칠하기

그라인더 칼받침대 위치 잡기

파일명 : 129

른쪽 사진처럼 칼날 중앙에 그라인더로 갈려진 부분을 확인하고 그라인더 연마 지그를 고정합니다.

이제 본격적으로 칼 연마를 시작합니다. 표시된 **A**처럼 평행으로 좌우 왕복을 하면서 칼의 면 정중앙이 갈려지도록 합니다. 이때 칼의 각도가 변경되지 않게 힘 조절을 잘 해야 합니다. 표시된 **B**처럼 손가락으로 지지대 역할을 하게 되면 연마되는 부분이 일정하게 됩니다. 처음은 어렵지만 몇 번 연습하게 되면 금방 숙달되므로 포기하지 마시고 연습해보세요.

두 번째와 세 번째 사진을 보면 양끝 쪽에만 매직 표시 부분이 조금 남아 있습니다. 이렇게 그라인더 연마를 끝내고 숫돌을 이용해서 좀더 날카롭고 예리한 칼로 변신시켜야 합니다.

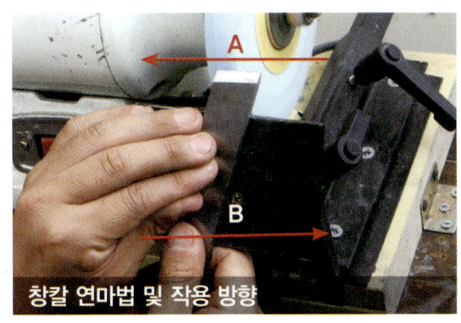

창칼 연마법 및 작용 방향

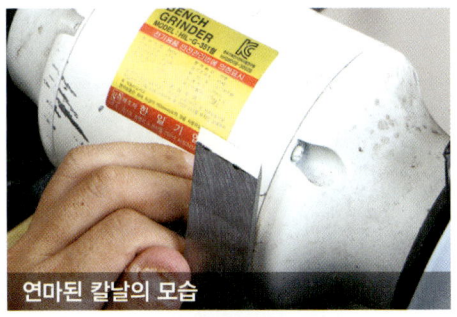

연마된 칼날의 모습

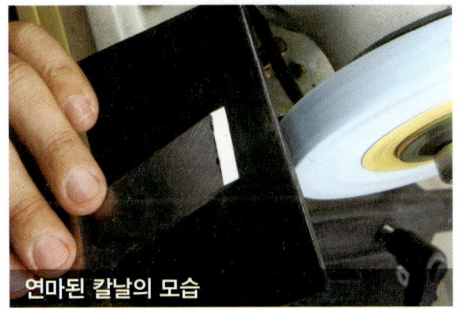

연마된 칼날의 모습

우선 800방 숫돌과 4000방 숫돌을 준비하여 숫돌 면의 평을 잡은 다음, 서로 다른 두 종류 또는 같은 두 종류의 숫돌을 서로 맞대고 갈아줍니다. 숫돌은 사용하기 30분 전에 물에 담가 두어서 물을 충분히 머금도록 한 뒤에 사용하는 것이 좋습니다.

800방 숫돌에 그라인더로 갈려진 선반칼 양끝 부분이 동일하게 닿도록 면을 대고 앞 방향으로 천천히 연마를 해줍니다. 그라인더에 갈려져 거칠어진 면이 어느 정도 다듬어질 때까지 계속해서 갈아줍니다. 칼면이 양쪽으로 되어 있으면 양쪽을 모두 동일하게 해줍니다. 800방 숫돌 작업이 완료되면 4000방 숫돌을 이용해서 동일한 작업을 수행합니다.

숫돌 평잡기

숫돌에 연마하기

창칼 연마 결과물

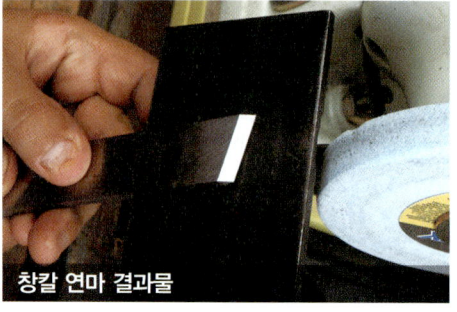

창칼 연마 결과물

작업이 완료된 뒤의 칼 면을 보면 양끝이 반짝 반짝 빛이 나는 것을 확인할 수 있습니다.

환칼 연마하기

환칼 연마법도 평칼 연마법과 동일합니다. 다만 칼날 면이 둥글기 때문에 불편할 뿐이지요. 환칼 역시 그라인더와 환칼 날의 각도가 맞도록 각도 조절을 해야 하는데 이때도 역시 검은 매직을 이용해서 칠하고 그라인더를 손으로 살짝 돌려주면서 확인하면 됩니다.

환칼 뒷날에 마킹하기

환칼 지그에 장착

환칼 연마 중간 점검

매직 표시가 모두 없어진 형태

환칼 지그가 있을 경우에는 아주 쉽게 연마가 가능합니다. 칼 각도가 그라인더와 맞았다면 칼날면이 둥글게 갈리도록 좌우로 돌리면서 연마를 합니다. 앞쪽 이미지처럼 칼날 면이 모두 갈려졌을 때 평칼과 마찬가지로 숫돌로 마무리 연마를 합니다.

환칼 숫돌 연마 역시 평이 맞았는지 동일한 숫돌 또는 다른 숫돌을 이용해서 서로 갈아줍니다. 숫돌 면에 환칼을 대보면 양끝이 닿을 때와 한쪽 끝만 닿을 때의 각도와 느낌이 다릅니다. 앞으로 밀면서 연마를 하게 되면 숫돌이 패이기 때문에 옆으로 돌리면서 숫돌 연마를 하도록 합니다.

숫돌에 환칼 뒷면 연마 마무리하는 모습

800방 숫돌로 거친 면을 다듬은 후에는 환칼의 안쪽을 숫돌의 모서리를 이용해서 연마를 합니다.

환칼 안쪽 면을 연마하는 모습

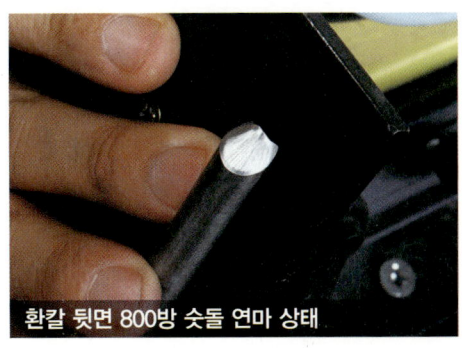

환칼 뒷면 800방 숫돌 연마 상태

800방 연마가 완료되면 왼쪽 사진처럼 양끝이 숫돌에 닿은 면만 갈려진 게 보입니다. 거친 그라인더 연마 자국을 800방 숫돌로 마무리 후에 4000방 숫돌을 이용해서 마무리 연마를 합니다. 800방 숫돌 연마와 동일한 방법으로 하면 됩니다.

이 외의 환칼의 마무리 마감 방법으로는 사포를 둥글게 말아 환칼 안쪽에 넣고 앞으로 당겨주는 것입니다. 이때 사포의 방향을 환칼의 홈 깊이와 평행하도록 당겨주어야 하며, 사포는 환칼의 상태를 보고 1000~1200방의 흑색 종이사포를 사용하면 됩니다.

1200방 사포로 환칼 내부를 연마하는 모습

환칼 전용 숫돌 만들기

숫돌에 사진과 같이 큰 환칼을 연마할 곳과 작은 환칼을 연마할 곳을 표시합니다. 그라인더로 연마한 후에 표시가 된 곳을 이용하여 앞뒤로 계속해서 연마를 합니다. 그렇게 되면 환칼 아래 둥근 면에 맞도록 숫돌이 갈리게 되어 시간이 지난 뒤에는 환칼 숫돌 전용이 탄생되게 됩니다.
이렇게 되면 아무래도 좀 더 수월하게 환칼을 연마할 수 있을 것입니다.

환칼 연마 숫돌

당신은 어떤 유형의 펜터너입니까?

우든펜에 입문하는 사람들의 유형을 크게 나누어 보면 '속전속결형'과 '대기만성형'으로 나눌 수 있습니다.

속전속결형 유형은 쉬운 단계부터 천천히 조금씩 단계를 밟아가는 형태가 아니라 본인이 원하는 펜을 바로 돌입하여 제작하는 유형입니다. 최소한의 지식과 조건을 갖춘다면 고가의 펜키트라 하더라도 도전하고 만들어냅니다. 요즘 같은 스피디한 시대에 부합하는 펜터닝 유형이라고 볼 수 있습니다. 우든펜은 하루 정도 기술 교육을 받으면 쉽게 해낼 수 있는 분야입니다. 그러나 쉽게 우든펜을 만들다 보면 금세 흥미를 잃어버리게 됩니다. 혹은 더 이상의 기술 향상이 쉽지 않아서 펜 만들기를 포기해버리는 경우도 있습니다. 펜을 만들어서 판매를 할 수 있는 상황이라면 펜키트를 구입하고 다른 물품들을 조달하는 등의 투자가 가능해지므로 계속 펜을 만들 수 있겠지만 초보자의 작품이 잘 팔리기란 쉽지 않은 일입니다. 비싼 펜을 계속 만들기가 쉽지 않고, 만든 펜을 소화할 수 없으니 더 이상 펜을 만들 필요가 없어지게 되는 것입니다.

대기만성형 유형은 샤프 하나를 만드는 데도 신중하게 결정합니다. 우든펜을 만들기보다는 우든샤프 만들기를 충분히 연습하면서 나무와 펜을 알아가는 노력을 기울입니다. 하루 정도의 교육이 부족하다 여겨지면 두세 번씩 교육을 받으면서 천천히 우든펜 관련 지식을 넓혀갑니다. 시간을 두면서 펜과 관련한 다양한 공구를 준비하고, 점점 실력이 늘어감에 따라 만들어지는 펜의 품질도 점점 좋아집니다.

자, 우든펜을 접하는 당신은 어떤 유형의 펜터너가 되고 싶은가요?

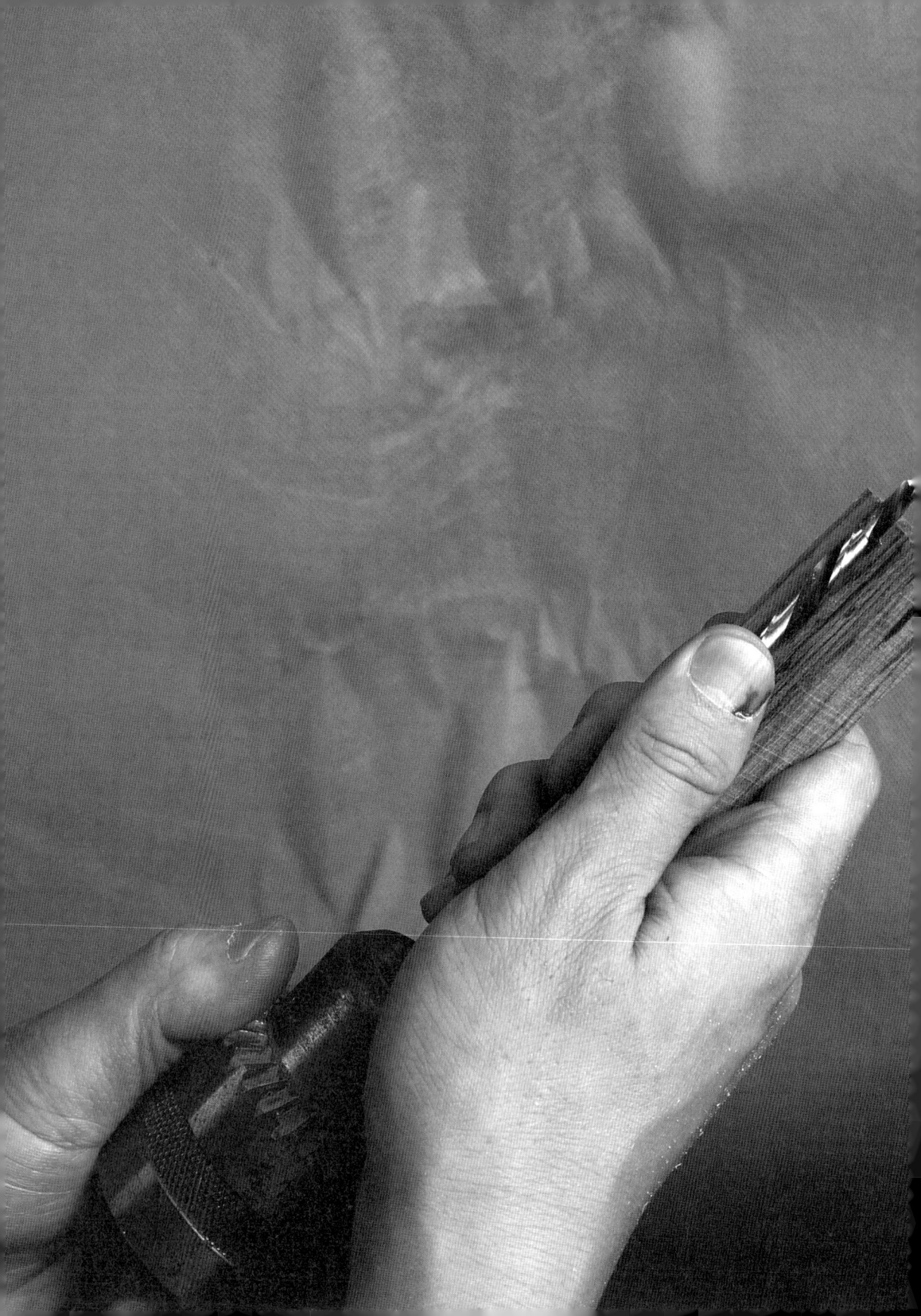

PART 3

우든샤프 만들기

우든샤프는 우리나라에서 우든펜 터닝의 입문 단계로, 흔히 먼저 거쳐야 하는 통과의례로 자리 잡고 있습니다. 우든펜보다 상대적으로 제작시간도 덜 걸리고, 펜키트 가격에 대한 부담을 줄이면서 목선반칼 사용법을 연습할 수 있기 때문입니다.

우리가 흔히 이야기하는 샤프(Mechanism Pencil)는 몸통이 검은 제도샤프를 말합니다. 물론 요즘에는 다양한 디자인의 샤프가 나오지만, 우리나라에서의 우든샤프는 제도샤프 스타일을 터닝하는 방법이 가장 활성화되어 있습니다. 참고로 외국에서는 펜키트 자체를 샤프용으로 제작하거나 샤프 메커니즘을 기존 펜키트와 교체하여 우든샤프를 만들기도 합니다. 이 책에서는 국내에서 유행하고 있는 제도스타일의 샤프를 만드는 방법을 차근차근 살펴보도록 하겠습니다.

1단계
블랭크 천공하기

가장 먼저 해야 할 일은 블랭크를 준비하는 것입니다. PART 1 '블랭크 고르기'에서 설명했듯이 블랭크 사이즈는 가로세로 각각 20mm, 길이 114mm 정도 되는 직육면체가 좋습니다. 길이를 좀 더 길게 준비하여 나중에 필요 없는 부분을 잘라내도 되지만, 처음부터 제도샤프의 몸통길이에 해당하는 사이즈로 만들어 놓으면 편리합니다.

드릴프레스에서 샤프 블랭크 천공하기

목선반에서 샤프 블랭크 천공하기

준비된 블랭크를 천공하는 데에 가장 많이 사용하는 방법은 드릴프레스에서의 천공방법과 목선반에서의 천공방법입니다. 이 밖에 천공지그를 이용하여 천공하기도 하나 목선반에서의 천공방법과 많이 비슷하므로 이는 생략하기로 합니다.

드릴프레스에서 블랭크 천공하기

일반 소형 드릴프레스의 경우 드릴프레스의 상하 이동거리는 80mm가 넘지 않습니다. 따라서 전체 길이 115mm나 되는 우든샤프용 블랭크를 한 번에 천공할 수는 없습니다. 최소 2회로 나누어 천공 작업을 진행해야 합니다.
처음 천공을 할 때 사용하는 비트는 6.0~7.0mm 드릴비트입니다. 특수 제작된 쏘비트 사 3단 드릴비트를 사용해도 되지만, 3단 드릴비트는 길이가 길어서 한 가운데 천공이 쉽지 않고, 빗나가서 실패할 확률이 높으므로 작업 공정을 2회로 나눠서 실시하는 것이 바람직합니다.

* 정중앙에 드릴비트를 자리 잡도록 하기 위해서는 센터파인딩을 해야 하는데 이는 뒤에 149~150쪽에서 자세히 설명하고 있습니다.

1차 천공 | 드릴비트를 선택(여기에서는 6.8mm 드릴비트로 1차 천공)했으면 펜바이스를 이용하여 블랭크를 다음 페이지 위쪽 사진처럼 고정시키고, 블랭크의 정중앙에 드릴비트가 천공되도록 자리를 잡은 다음 천공을 시작합니다.* 이때 그 아래쪽 사진처럼 드릴비트의 날 사이에 톱밥이 끼게 되는데, 이런 톱밥이 충분히 빠져나올 수 있도록 드릴비트의 상하 왕복을 충분히 해주어야 합니다. 그렇지 않으면 톱밥이 드릴비트에 끼어 막히면서 천공 능력이 약화되고 내부에서 블랭크가 타는 현상이 발생합니다.

드릴프레스 6.8mm 드릴비트 1차 천공

드릴비트 날 사이 톱밥 배출

2차 천공 | 1차 천공 후에는 2차 천공을 해야 하는데, 이때 드릴비트를 3단 드릴비트로 교체해야 합니다. 따라서 샤프용 블랭크를 천공할 때는 한 개씩 천공하기보다 여러 개를 한꺼번에 작업하는 것이 효율성이 높습니다. 하나씩 완벽하게 천공을 하고자 한다면 드릴비트를 여러 번 교체해야 하거나 드릴프레스가 두 대 이상 필요할 테니 말이지요.

2차 천공 시에는 3단 드릴비트 끝 부분인 직경 4∅ 부분이 블랭크에 4mm 정도의 길이로 남도록* 천공해야 합니다. 만약 블랭크에 4mm보다 길게 남는다면, 샤프를 조립했을 때 샤프의 나사 부분이 밖으로 나오지 않아서 샤프의 팁 부분과 결합이 불가능합니다. 반대로 4mm보다 짧게 남는다면, 샤프를 사용

* 3단 드릴비트를 처음 사용하는 분 중에는 무리하게 사용하다가 부러뜨리는 경우가 왕왕 있습니다. 이런 사고를 예방하기 위해 6.8mm 철공용 롱드릴비트를 3단 드릴비트와 유사한 형태로 가공하여 만든 드릴비트를 사용해도 됩니다.

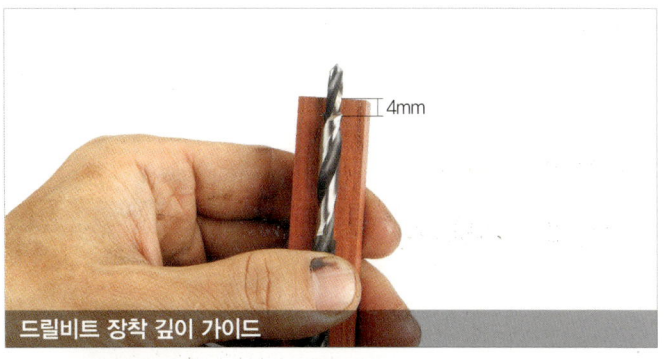

드릴비트 장착 깊이 가이드

천공이 마무리된 4mm 부분

하다가 클릭하는 압력 등에 의해 4mm 부분이 쉽게 망가질 수 있습니다.

또한 4mm 부분의 천공 깊이를 잘못 계산하여 4mm 부분이 남지 않게 천공한다면 샤프를 조립했을 때 샤프 메커니즘이 밖으로 튀어나오게 될 것입니다.

드릴비트

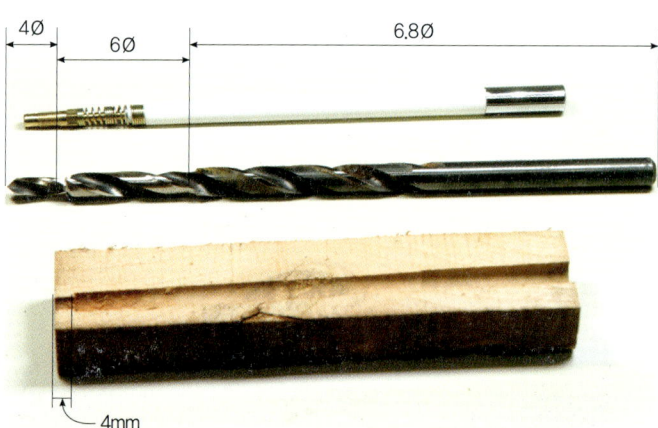

샤프용 블랭크와 샤프 메커니즘 결합 예상도

다시 설명하자면 드릴비트 6∅ 부분이 끝나는 시점(= 4∅ 부분이 시작되는 시점)부터 블랭크 끝 부분까지의 길이가 4mm가 되도록 드릴비트를 장착하는 것입니다.

천공이 잘 되었는지를 확인할 수 있는 좋은 방법은 이렇게 천공된 블랭크에 샤프를 가조립해보는 것입니다. 만약 천공이 덜 되었다면 메커니즘과 나사가 잘 결합되지 않을 것입니다.

제도샤프 메커니즘 삽입

제도샤프 가조립 후 클릭

목선반에서 블랭크 천공하기

목선반척과 목선반을 사용하여 제도샤프용 블랭크를 천공할 경우 목선반은 속도조절이 용이한 것이 좋습니다. 벨트에 의해 속도조절이 되는 모델이라면 매우 어려운 작업이 될 수 있어 권하지 않습니다. 목선반 천공방법의 장점은 센터를 맞춰 천천히 작업하는 경우 드릴프레스보다 훨씬 더 쉽게 정중앙에 천공을 할 수 있다는 점입니다.

블랭크 고정하기 | 목선반으로 천공을 할 때에는 먼저 선반척을 주축에 장착합니다. 선반척에 물리는 죠*는 스피곳죠*가 좋습니다. 선반척에 블랭크를 장착할 때에는 블랭크가 최대한 정중앙에 위치할 수 있도록 선반척을 살며시 조여 회전을 시켜봅니다. 회전하는 블랭크의 모습이 가운데에 잘 장착되어 보인다면 회전을 멈추고 선반척을 완전히 조여 줍니다.

1차 천공 | 그 다음 드릴프레스에서 천공할 때와 마찬가지로 두 가지 드릴비트로 나누어 2회에 걸쳐 천공을 합니다. 먼저 6.0~7.0mm 사이의 드릴비트(6.8mm 권장)로 1차 천공을 합니다. 이때 드릴비트는 드릴척에 물려서 심압대에 고정시킨 후 옆 페이지의 두 번째 사진처럼 왼손으로 아래에서 척을 감싸 쥐고, 오른손으로는 심압대를 지지해야 합니다.

죠 선반척에 물려서 목물을 잡아주는 역할을 하는 도구입니다. jaw는 '턱'이라는 의미를 가지고 있는데, 물어서 고정시키는 역할이 동물의 '턱'과 같은 역할을 하고 있기 때문으로 유추됩니다.

스피곳죠 spigot jaw, 물리는 부분이 길게 많이 튀어나온 죠를 말합니다.

목선반에서의 천공

목선반으로 천공할 때 목선반의 회전속도를 얼마로 하느냐에 따라서 진동과 소음이 달라진다는 점을 기억해두세요. 회전속도를 2000~3000rpm 정도의 고속으로 한다면, 상당한 소음이 나고 정중앙에 블랭크가 위치하지 않을 경우 천공이 엇나갈 수 있습니다. 회전속도를 1000rpm 이하로 한다면, 천공이 잘 되지 않거나 시간이 오래 걸릴 것입니다. 경험상 1100~1200rpm 정도의 회전속도에서 천공작업을 하는 것이 바람직합니다.

블랭크에 회전하는 드릴비트를 갖다 댈 때에는 한꺼번에 무리하게 힘을 주지 말고, 드릴비트가 자리를 잡을 때까지 천천히 접근시키며 오른손으로 지그시 압력을 가해주는 것이 좋습니다. 이때 블랭크 재질이나 블랭크 재단 결에 따라 천공의 난이도가 달라집니다. 일반적으로 체리나 파덕 같은 나뭇결이 심하지 않는 블랭크는 천공이 비교적 쉽습니다. 반면 느티나무나 크로스컷 또는 가로결 같은 블랭크는 천공이 훨씬 까다로와 천천히 아주 조금씩 진행할 필요가 있습니다.

2차 천공 | 6.0~7.0mm의 드릴비트로 1차 천공을 마친 후에는 3단 드릴비트로 앞의 과정과 동일한 방법으로 천공을 해줍니다. 이때 중요한 것은 드릴프레스에서의 천공과 마찬가지로 3단 드릴비트가 최대한 블랭크에 삽입되었을 때 3단 드릴비트 직경 4Ø 부분이 4mm 정도까지 남도록 드릴비트의 깊이를 조정하는 것입니다.

따라서 블랭크가 샤프용에 맞게 길이 재단이 되어 있다면, 드릴척에 드릴비트를 매번 번갈아 끼워 사용하는 것보다 1차용 드릴척, 2차용 드릴척 등 전용으로 준비해두는 것이 천공작업 시간을 단축시킬 수 있습니다.

드릴비트 4Ø 부분 깊이 맞추기

천공된 부분 경화시키기

* 엑시아 제품일 경우 031 또는 231 제품, 록타이트 제품일 경우 420 제품

드릴프레스 또는 목선반을 이용하여 천공을 마친 블랭크는 바로 터닝을 하는 것보다 4Ø로 천공된 부분을 순간접착제 묽은 것(일반용)*으로 강화시켜주는 것이 필요합니다. 블랭크 종류에 따라 단단한 하드우드 계열은 이러한 작업이 필요하지 않을 수 있으나 하드우드 중에서도 목질이 조금 연한 블랭크는 이러한 경화 과정을 거치지 않으면 나중에 터닝하거나 샤프 완성 후 사용할 때 4Ø 부분이 깨지거나 갈라질 확률이 높습니다.

이때 묽은 순간접착제를 사용하는 이유가 있습니다. 점도가 높은 목공용 순간접착제를 사용하는 경우 접착제가 블랭크에 스며들지 않고 찌꺼기가 생겨 맨드럴에 삽입이 불가능해지고 따라서 천공을 다시 해야 하는 번거로움이 발생할 수 있기 때문입니다.

4Ø 천공 부분 순간접착제로 경화시키기

튜보(TuVo)로 제도샤프 튼튼하게 만들기

제작방법상 우든샤프와 우든펜의 가장 다른 점은 황동관을 삽입하느냐 아니냐 하는 것입니다. 우든펜은 황동관을 블랭크 안에 삽입하여 작업을 하기 때문에 나무가 얇게 남더라도 비교적 튼튼하게 형태를 유지할 수 있습니다.

그러나 우든샤프는 원래 황동관을 삽입하지 않고 만들었으므로 기본 제도샤프 스타일처럼 블랭크를 얇게 터닝하여 제작한다면, 아무리 잘 건조되고 단단한 나무로 제작하더라도 휘거나 부서질 확률이 높습니다. 이러한 점을 보강하기 위해 제도샤프 스타일의 우든샤프에도 황동관을 삽입하는 방법이 도입되었습니다.

우든샤프는 황동관 없이 만드는 단계에서 일부만을 황동관으로 보강하는 단계를 지나 지난 2014년 겨울 한국우든펜연구회에서 튜보(TuVo)라고 불리는 제품을 소개하였습니다. 튜보는 우든펜과 마찬가지로 천공된 부위를 황동으로 보강하므로 우든샤프를 튼튼하게 제작할 수 있습니다. 다시 말해 튜보를 사용하게 되면 지금까지 우든샤프를 제작한 후에 나무가 휘는 현상을 어느 정도 예방할 수 있으며, 집성 방식의 블랭크를 사용하더라도 아주 튼튼한 우든샤프를 만들 수 있습니다.

튜보 샤프를 만들려면 홀더와 황동관으로 구성된 튜보 세트 외에 전용 2단 드릴비트(7.1~6.0mm)가 있어야 하며, 블랭크와 튜보의 길이를 같게 재단하고, 튜보의 황동관 부분 만큼만 7.1mm로 천공이 되도록 하면 됩니다. 이전보다 천공하는 방법

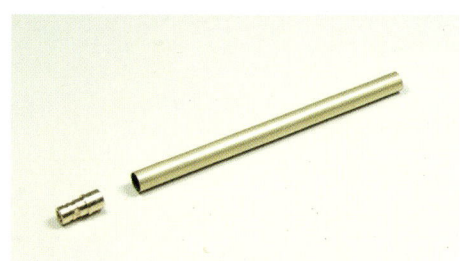

튜보의 구성품 : 홀더 및 황동관

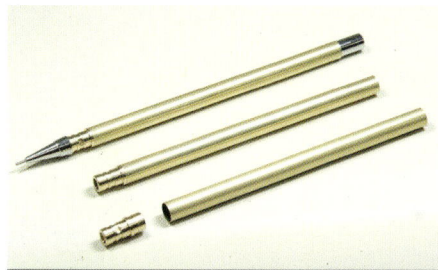

튜보와 샤프의 조립도

튜보를 블랭크에 삽입한 모습

이 훨씬 쉬워진 것도 그 특징이라고 볼 수 있습니다.

천공이 완료되면 우든펜 만들기 시간에 다시 설명드리겠지만, 튜보 황동관의 외부를 거친 천사포를 이용하여 스크래치를 내준 다음 점도가 높은 순간접착제 (엑시아 835 또는 268, 록타이트 401 등)를 이용하여 블랭크 안에 삽입하도록 해야 합니다.

이렇게 준비된 블랭크를 이용하여 이제 본격적인 우든샤프 터닝으로 넘어가보도록 하겠습니다.

2단계
목선반에서 터닝하기

목선반 작업준비

목선반은 가급적 자신의 신체 사이즈에 맞춰 세팅하는 것이 좋습니다. 목선반 작업은 한 번 시작하면 집중하게 되고 상대적으로 오랜 시간이 소요되기 때문에 몸이 편해야 합니다. (자신만의 독립적인 공간이 아닌 여러 사람이 공통으로 사용하는 일반 공방이라면 어쩔 수 없지만요.)

목선반을 바닥에 내려놓고 앉아서 작업하거나, 책상 같은 곳에 올려놓고 의자에 앉아 작업하는 경우도 있지만, 일반적으로 목선반은 탁자 위에 올려놓고 선 자세로 작업을 하게 됩니다. 이때 목선반의 위치가 너무 높거나 낮으면 어깨와 허리에 무리가 갑니다. 목선반 앞에 서서 목선반칼을 잡고 자세를 취했을 때 팔뒤꿈치가 들리거나 어깨가 들리지 않고 편하게 위치할 수 있는 정도가 적당합니다.

목선반 작업에 익숙하지 않은 사용자는 몸이 많이 긴장될 수 있으므로 동일한 자세나 경직된 자세를 오래 취하지 말고 가벼운 스트레칭으로 몸을 자주 풀어주도록 합니다. 또한 목선반 작업을 할 때 발의 보폭은 자신의 어깨 넓이 정도로 적당히 벌리고, 목선반을 정면으로 바라보고 서는 게 아니라 오른쪽으로 30도 정도 비스듬하게 경사를 취하여 좌우 이동이 용이하게 해

목선반 작업을 위한 복장 준비

주는 것이 좋습니다.

안전사고에 대비하여 보안경을 착용하고, 마스크를 써서 분진을 미리 예방조치하도록 합니다. 보안경은 목선반칼로 터닝할 때뿐만 아니라 마감제의 용액이 눈에 튀는 것을 방지할 수 있습니다. 특히 순간접착제를 이용한 마감법을 시도할 때에는 반드시 보안경을 착용하여야 안전하며 환기가 잘 되고 있는지도 늘 살펴야 합니다.

이와 같은 기본 환경과 자세가 갖춰졌다면 이제 본격적으로 우든샤프 터닝의 단계로 넘어가도 좋습니다.

목선반에 블랭크 장착하기

천공된 블랭크를 순간접착제로 보강한 다음 바로 터닝에 들어가게 되면 미처 다 굳지 않은 순간접착제가 샤프용 맨드럴 등에 달라붙을 수 있습니다. 따라서 보강작업을 마친 블랭크는 최소 10분 이상 경과한 후에 터닝 작업을 하는 것이 좋습니다.

* 목선반 사용법은 82쪽을 참조하기 바랍니다.

샤프용 맨드럴을 목선반의 주축에 먼저 장착합니다. 앞서 '목선반 사용법'에서 설명했듯이 주축의 삽입구에 톱밥이나 이물질이 있는지 새끼손가락 등으로 확인을 하고, 입김으로 '후'하고 불어넣어 제거한 후 장착해야 합니다.*

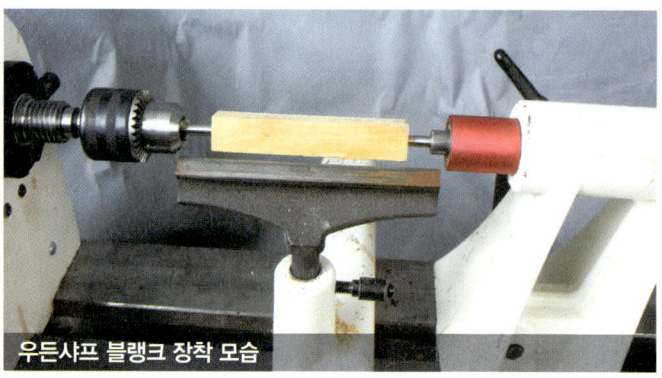

우든샤프 블랭크 장착 모습

샤프용 맨드럴을 장착한 이후에 샤프용 블랭크를 끼워 넣습니다. 이때 천공한 지 오래된 블랭크거나 천공이 잘못된 블랭크라면 삽입이 어려울 수 있습니다.* 이 경우 천공을 다시 한 번 해주거나 그렇게 해도 삽입이 안 된다면 그 블랭크는 폐기하는 것이 바람직합니다. 무리하게 삽입을 시도하다가 손에 부상을 입거나 나중에 터닝 완료된 목물을 빼낼 때 어려움을 겪기 때문입니다.

* 천공한 지 오래된 블랭크는 휠 가능성이 있기 때문입니다.

블랭크가 중간에 들어가다가 멈춘 예

블랭크를 삽입한 후에는 우든샤프의 장부(tenon) 부분 높이를 맞춰주는 샤프용 부싱을 끼워 넣습니다. 샤프용 부싱은 나중에 우든샤프를 조립할 때 우든샤프의 팁과 샤프 메커니즘의 자크 부분이 잘 결합되도록 하는 도구입니다. 만약 장부를 만들지 않고 조립한다면 우든샤프의 팁이 일직선을 이루지 못한 채 결합이 되어 완성된 우든샤프의 모습이 비뚤어지고 샤프심이 자주 부러지는 현상이 발생됩니다.

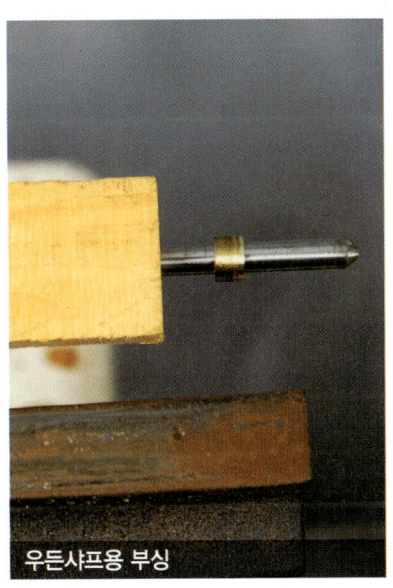

우든샤프용 부싱

우든샤프의 장부

팁과 메커니즘의 결합 부위

부싱을 채우고 나면 샤프용 맨드럴 보호대를 심압대에 장착한 다음, 사진과 같이 오른손으로 심압대를 감싸쥐고 압착해줍니다. 심압대가 더 이상 앞으로 나아가지 않는다면, 심압대 뒷부분 하단에 있는 조임손잡이를 이용하여 고정시켜줍니다.

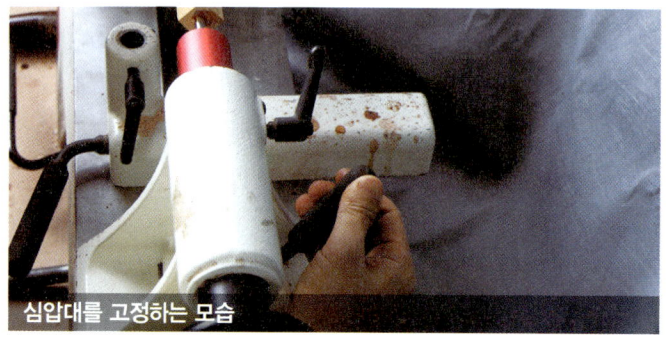
심압대를 고정하는 모습

심압대 조임손잡이로 고정시킨 후에는 심압대 휠을 가볍게 돌려주어 더 이상 돌아가지 않도록 합니다. 이때 무리하게 휠을 돌리는 경우 맨드럴에 무리한 힘이 가해져서 맨드럴과 블랭크가 휘어지고, 결과물에 편심이 생기게 되므로 유의하여야 합니다. 휠 조정이 끝난 후에는 심압대 스핀들 바로 뒤에 있는 조임손잡이로 최종적으로 고정시킵니다.

심압대 휠을 돌려 압착하는 모습

심압대 스핀들 조임손잡이로 고정하는 모습

간혹 이렇게 작업을 했더라도 터닝 중간에 심압대와 맨드럴에 유격(간극)이 발생하곤 하는데, 이는 블랭크가 완전하게 심압대에 삽입되지 않은 상태에서 회전 및 터닝을 하는 동안 왼쪽으로 이동되기 때문입니다. 따라서 유격이 발생한다면 심압대를 앞에서 설명한 것에서 반대로 풀어준 다음 다시 장착하여야 합니다.

터닝하기

그 다음 순서는 목선반의 속도를 결정하는 것입니다. 우든펜이나 우든샤프를 만들 때에는 여타 목선반 작업과 달리 빠른 회전 속도에서도 비교적 안전하게 작업을 할 수 있습니다. JET1221 VS 모델 기준으로는 최대 3600rpm까지 가능하지만 초보자의 경우 2000~3000rpm 정도의 속도로 작업을 해도 좋습니다. 속도가 지나치게 낮다면 목선반칼과 블랭크가 맞물려서 걸리는 현상이 나타나므로 속도를 조금씩 높여서 조정하여 줍니다.

목선반 속도조절기

그 다음으로 목선반칼을 받쳐줄 칼받침대를 세팅하는 작업을 해야 합니다. 칼받침대는 목선반칼의 두께에 따라 높낮이가 조절될 수 있으며, 자신의 키와 목선반의 높이에 따라 달라질 수 있습니다. 칼받침대는 칼받침대 지지대를 먼저 고정시키고, 높이와 방향을 맞춘 다음 이를 고정시키는 순서로 작업을 해야 합니다.

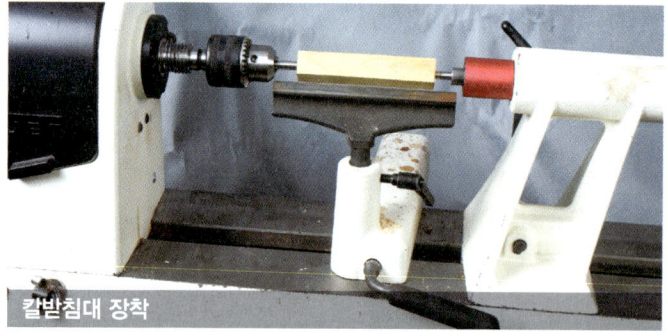

칼받침대 장착

칼받침대를 블랭크의 회전축보다 높게 세팅하는 것은 바람직하지 않습니다. 앞서 설명한 바와 같이 목선반이 위치한 상태에서 오른팔 팔꿈치가 어깨로부터 자연스럽게 내려오는 것이 좋습니다. 만약 칼받침대가 높게 세팅되어 있다면 오른쪽 어깨가 위쪽으로 들어 올려지는 모습으로 자세가 바뀌게 되는데 이는 좋지 않는 자세입니다.

칼받침대의 좌우 수평은 블랭크의 방향과 평행하게 맞추는 것이 아니라 베드 뒤편의 라인과 수평이 되도록 맞춰야 합니다(아래 사진에 설명). 블랭크에 최대한 일직선이 되도록 천공을 해야 하지만, 완벽한 수직천공이 되는 경우가 드물어 맨드럴에 삽입된 블랭크의 외곽라인을 기준으로 삼을 수 없기 때문입니다. 칼받침대 세팅이 완료되었다면 주축의 핸들을 돌려서 블랭크가 혹시 칼받침대에 걸리는 부분이 없는지 확인하도록 합니다. 블랭크의 한 모서리만 봤을 때는 칼받침대에 걸리지 않아도 나머지 세 개의 모서리가 걸릴 수도 있기 때문입니다.

칼받침대 방향 : 정반(베드) 라인과 칼받침대 라인이 평행하도록 설치

칼받침대와 블랭크의 간극

자, 준비가 끝났으면 스위치를 켜고 선반 속도를 2000~3000rpm을 전후로 설정한 후 환칼을 이용하여 둥근 봉 형태로 가공해 나갑니다. 블랭크의 가운데 부분부터 양쪽 끝으로 깎아 나가기 시작하면 됩니다. 둥근 봉 형태라고 해서 반드시 원통형일 필요는 없습니다. 자신이 생각한 최종 디자인 형태에 맞춰서 진행해나가면 됩니다. 다만 칼의 진행 방향이 '두꺼운 부분에서 얇은 부분으로', '가운데 부분에서 양쪽 사이드 부분으로' 이루어질 수 있도록 습관을 들이는 것이 좋습니다.

얇은 부분에서 두꺼운 부분으로 깎아 나가는 경우 킥백이 발생하기 쉬우며, 사이드에서 터닝을 시작해도 마찬가지입니다. 사

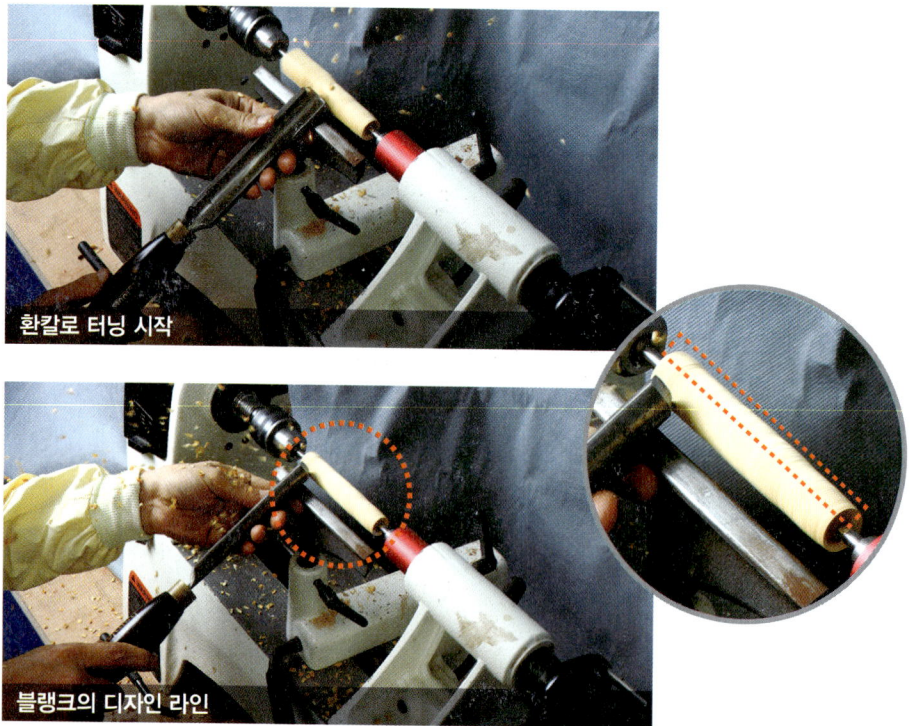

환칼로 터닝 시작

블랭크의 디자인 라인

이드에서 터닝을 시작하면 일반적인 블랭크는 도끼로 블랭크를 찍어 내리는 형태가 되어 결에 따라 블랭크가 쪼개질 수도 있습니다.

터닝 시 원하는 디자인 라인은 칼이 닿는 부분이 아닌 블랭크의 위쪽 부분을 보고 판단하는 것이 좋습니다. 회전하고 있는 블랭크의 상단 부분을 봐가면서 원하는 두께 및 라인으로 조정해가며 깎는 것이 편리합니다. 이는 환칼뿐만 아니라 절단칼이나 창칼을 사용할 때도 마찬가지입니다.

터닝 마무리하기

절단칼로 장부 만들기 | 환칼로 터닝 작업을 완료했다면 90% 이상의 작업이 완료된 것입니다. 이제 블랭크 오른쪽 4Ø로 천공된 부분에 장부를 만들어주기 위해 절단칼을 사용하도록 하겠습니다.

이는 샤프용 부싱이 이미 오른쪽에 장착되어 있기 때문에 이와 동일한 직경으로 절단칼을 밀어넣어 깎아주는 것인데, 그 폭은 2mm 이내가 되어야 합니다. 지나치게 장부의 폭을 넓게 만들어버리면 샤프의 팁을 장착해도 팁 안쪽으로 장부가 모두 들어가지 못하는 상황이 발생할 수 있습니다.

또한 전체 블랭크가 제도샤프의 기본 바디 길이보다 길다면 블랭크의 왼쪽 부분에서 남는 부분을 절단칼로 잘라내야 합니다. 그런데 이렇게 절단하다 보면 블랭크가 너무 얇은 상태에서는 쪼개질 위험이 있으니 유의하여야 합니다.

절단칼로 장부 만들기

창칼로 마무리하기

창칼로 마무리하기 | 장부를 만들고 길이까지 맞췄다면 창칼로 매끈하게 마무리를 하여 디자인을 완성시킵니다. 이때 창칼 사용법이 서툰 초보자라면 창칼로 인하여 원치 않는 홈이 패이거나 뜯겨서 상황이 더 악화될 수 있습니다. 무리하게 창칼을 계속 들이대다가는 아예 망쳐 버리므로 적절하게 사포를 이용하여 마무리하는 것이 하나의 대안이 될 수 있습니다.

우든샤프를 만드는 목적 중 하나는 그 자체를 제작하는 것도 있지만, 목선반칼 사용법을 익히는 것이라고 할 수 있습니다. 따라서 우든샤프를 통해 목선반칼 사용법을 충분히 연마했다면, 우든펜을 만들 때에도 실수를 줄이고 좋은 우든펜을 만들 수 있게 될 것입니다.

3단계
샌딩 및 마감하기

샌딩이 필요 없을 정도로 목선반칼로 터닝을 매끄럽게 한 것이 아니라면, 백색 종이사포로 샌딩하는 단계로 넘어갑니다.

사포로 샌딩하기 | 종이사포를 사용할 때는 칼받침대를 풀어서 따로 놓아두고, 사진처럼 왼손과 오른손으로 220방 사포를 잡습니다. 목선반의 회전속도는 목선반칼로 터닝하던 속도

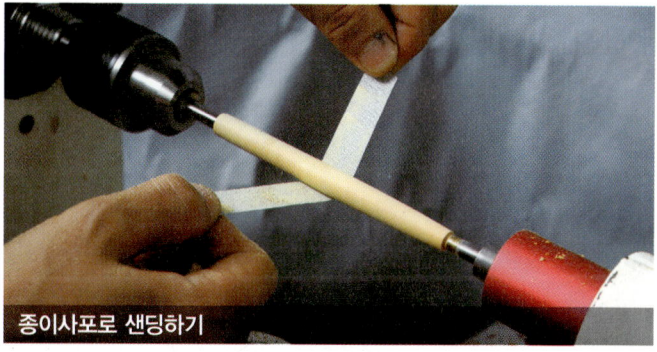
종이사포로 샌딩하기

헝겊으로 먼지 털어내기

와 동일한 속도를 유지하면서 샌딩을 시작합니다.* 이때 사포를 무리하게 당기면 사포가 찢어질 수 있으니 주의하세요. 상하, 좌우로 사포의 모든 면을 골고루 이용하도록 합니다.

창칼이나 평칼로 큰 실수를 한 경우가 아니라면, 220방 사포로 칼자국을 남기지 않을 만큼 충분히 샌딩할 수 있습니다. 220방 사포로도 해결되지 않는 칼자국이 남아 있는 상태에서 400방 사포로 넘어가게 되는 경우 이를 해결하는 것은 더욱 힘든 일이 될 것입니다.

400방 사포로는 이전 200방 사포의 흔적을 완전히 없애고 600방 사포로 넘어갑니다. 400방 사포와 600방 사포까지 순서대로 샌딩을 마무리하였다면, 면과 같은 천으로 표면에 남아 있는 먼지를 제거합니다.

> * 샌딩 시에는 회전 속도를 '저속'으로 하는 것이 좋다는 의견도 있음을 참고하시기 바랍니다.

오일로 마감하기 | 오일을 적당량 천에 묻혀서 표면에 발라 줍니다. 나무의 특성상 오일을 흡수하고 내뱉기를 반복하는 것으로 알려져 있는데, 우든펜이나 우든샤프는 나무가 아주 얇은 정도만 남아 있기 때문에 오일의 적절한 도포를 위해 많은 시간을 기다릴 필요는 없습니다.

표면에 도포가 되었다면, 목선반을 회전시켜 앞서 먼지를 털어낸 것과 같은 방법으로 천을 이용하여 마감을 해줍니다.

이처럼 고속 회전하는 목선반에서 천으로 마찰하여 마감하는 방법은 여타 목공에 비하여 좀 더 신속하게 마감작업을 할 수 있는 장점이라 할 수 있습니다. 하지만 너무 많은 오일이 표면에 남아 있다면 맨드럴이 회전하면서 오일이 작업복에 튈 수 있고 이 오일이 지워지지 않아 옷을 버리는 경우도 생기므로 주의하여야 합니다.

좀 더 높은 품질의 마감을 원한다면 자연스럽게 오일이 스며들 수 있도록 기다렸다가 윤기를 내는 절차를 진행하면 됩니다. 품질과 시간은 정비례 관계임을 다시 한 번 되새겨보세요.

오일을 천에 묻히기

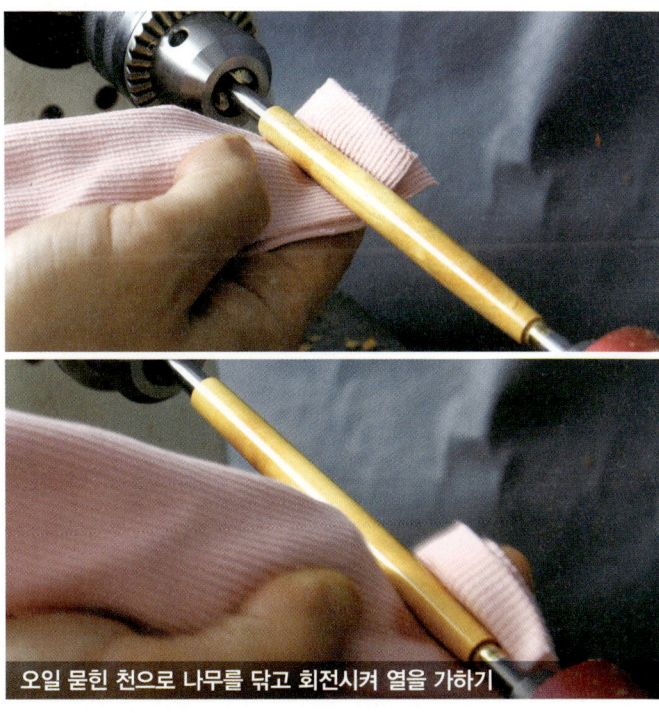

오일 묻힌 천으로 나무를 닦고 회전시켜 열을 가하기

4단계
우든샤프 조립하기

맨드럴에서 터닝한 우든샤프를 꺼낼 때는 부드러운 천으로 감싸쥐고 조심스럽게 꺼냅니다. 처음에 빡빡하게 블랭크를 삽입하였다면 꺼내기도 쉽지 않을 텐데, 이럴 경우에 고무장갑이나 가죽 재질을 사용하면 힘을 덜 들이고 뺄 수가 있습니다.

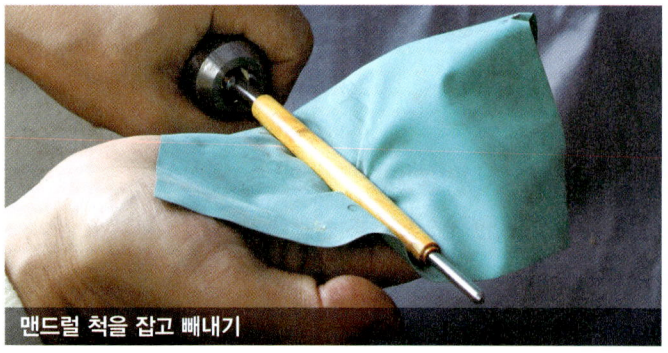
맨드럴 척을 잡고 빼내기

제도샤프 스타일의 슬림한 우든샤프를 만들었다면, 클립을 끼우고 나머지 부품을 조립하면 완성이 됩니다. 그런데 이 클립을 벌려서 끼우는 것이 만만치 않습니다. 클립을 끼우다가 정성스럽게 만든 우든샤프에 흠집이 나기도 하고 마감도 망치기 쉽습니다.

우든샤프 만들기

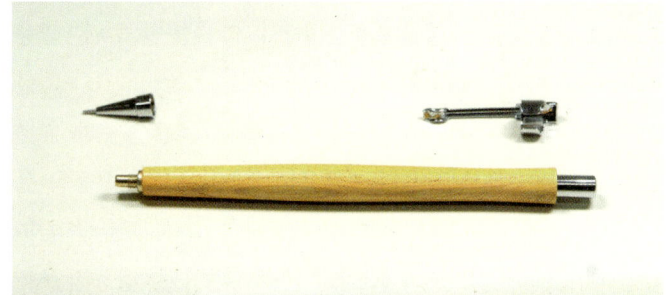

제도샤프 분해 모습

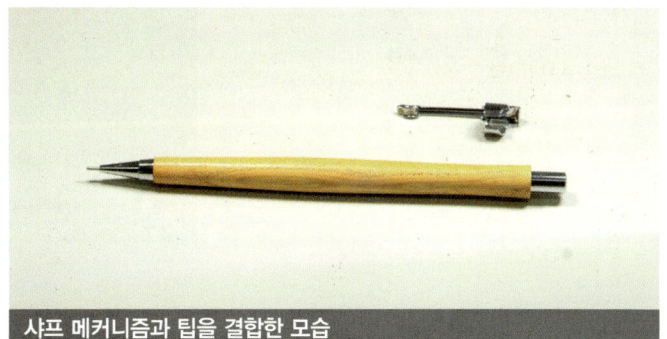

몸통을 우든샤프로 대체한 모습

샤프 메커니즘과 팁을 결합한 모습

그래서 이를 도와줄 간단한 지그를 만들어 이용하도록 합니다.

1. 원래 샤프에 있던 몸통을 가운데 부분에서 커터칼로 나눠줍니다.
2. 몸통의 가는 방향으로, 그 반대쪽은 우든샤프의 클릭 부분에 끼워서 직각이 된 부분을 이용하여 밀어 넣습니다.

제도샤프 몸통 절단 부분 / 클립을 밀어넣을 방향

조립. 지그를 이용하여 클립 키우는 모습

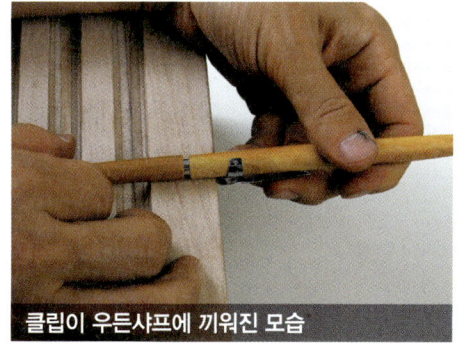

클립이 우든샤프에 끼워진 모습

그러나 이 방법은 우든샤프를 슬림하게 만들었을 때만 가능합니다. 두꺼운 경우에는 사용하기가 어렵지요. 이럴 때는 우든샤프를 만들다가 실패한 나무들을 두께별로 순차적으로 옮겨서 최종적으로 완성작에 올려야 합니다.

클립이 올라타지 못하는 상황

두께가 두꺼운 나무 활용하기

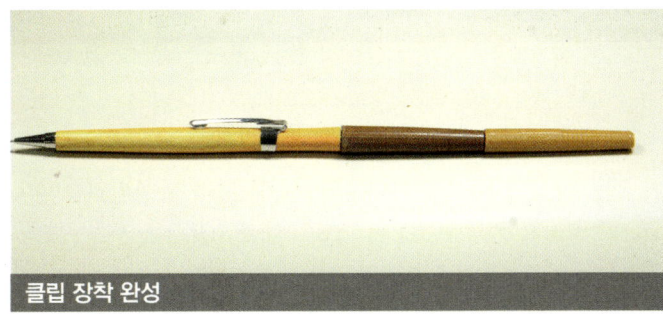
클립 장착 완성

좀 더 많은 양의 샤프를 대량으로 제작하여 클립을 끼워야 하는 상황이라면, 조립 지그를 이용하도록 합니다.

메커니즘을 아직 결합하지 않은 상태에서, 샤프클립 끼우개*의 화살표 모양 핀을 윗부분에 끼워서 적합한 사이즈를 찾습니다. 그 다음 경사진 핀에 클립을 끼우고 끼우개 몸통에 있는 구멍에 신속하게 밀어넣습니다.

샤프클립 끼우개 샤프클립 끼우개는 아직 상업적으로 판매하고 있지는 않습니다. 만드는 방법은 뒤에서 살펴봅니다.

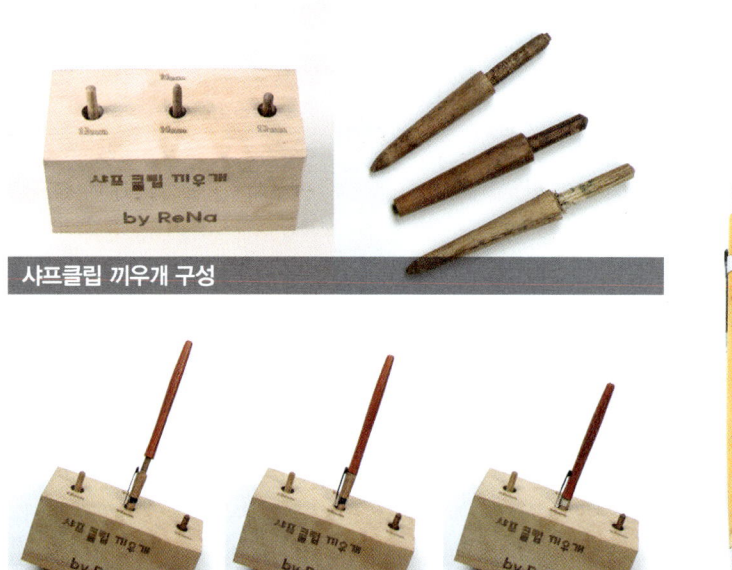

샤프클립 끼우개 구성

샤프클립 끼우개 사용법

자, 이렇게 해서 세상에 하나뿐인 우든샤프가 완성되었습니다. 샤프를 클릭해서 샤프심이 잘 나오는지 확인해보세요.

샤프클립 끼우개 만들기

샤프클립을 끼우는 방법은 여러 가지가 있습니다. 각자 자신에게 편리한 방법을 익혀 만들면 됩니다. 그중 여기에서는 '아봉'(네이버 닉네임)님이 개발한 샤프클립 끼우개 만드는 방법을 소개하겠습니다.

먼저, 준비물로 가로세로 각각 8~10cm 정도 되고 길이는 20cm 정도 되는 하드우드 계열의 각재를 준비합니다. 블랭크 규격으로 하드우드 또한 4~5개 정도 준비합니다. 드릴비트는 11mm, 12mm, 13mm 세 가지 크기로 준비하여 사진과 같이 천공을 해둡니다.

각재 및 드릴비트

드릴비트 천공

블랭크로 만들 모양은 다음 페이지를 참고하면 됩니다. 오른쪽 삼각형 부분 중 가장 두꺼운 부위의 사이즈가 약 10.5mm, 11.5mm, 12.5mm 등 세 가지가 되도록 목선반에서 블랭크를 가공합니다. 이 삼각형 부분은 위 각재의 천공된 홈에 삽입될 부분입니다.
삼각형 부분의 왼쪽 일자 형태는 우든샤프의 몸체 안으로 들어갈 부분입니다. 이 부분의 지름은 6.8mm 정도가 될 수 있도록 가공하고 길이는 약 40mm 정도가 되도록 합니다.

블랭크 만들 모양

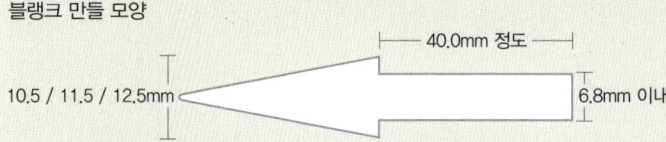

10.5 / 11.5 / 12.5mm ─ 40.0mm 정도 ─ 6.8mm 이내

샤프클립 끼우개 터닝하기

두께 측정하기

샌딩 및 마감을 동시에 하면서 터닝하기

목선반에서 이러한 형태를 가공하려면 맨드럴이 아닌, 선반의 기본 부속품으로 딸려왔던 주축촉과 라이브센터를 각각 주축과 심압대에 장착하고 조심스럽게 가공을 해야 합니다. 만약 선반척이 있다면 선반척에 블랭크를 물리고 라이브센터 등으로 조이는 것이 좋습니다. 이때 목선반 회전속도는 맨드럴을 사용하던 때와는 달리 2000~3000rpm 정도로 낮춰서 안전하게 해야 합니다. 버니어 캘리퍼스를 이용하여 두께를 측정하면서 터닝을 해나갑니다.

화살표 모양으로 어느 정도 가공이 완료되었다면 목선반에 장착된 상태에서 샌딩과 오일마감을 해주는 것이 좋습니다. 화살표 모양으로 만든 후에는 아래와 같이 일자 부분을 우든샤프 윗부분에 삽입하고 샤프 클립을 끼울 때 사용합니다.

샤프클립 끼우개 완성

우리나라의 우든펜 역사

어린 시절 즐겨 보던 코메디 프로그램 중에 〈원조를 찾아서〉가 있었습니다. 예를 들어 한 겨울 저녁이면 골목길에서 들을 수 있었던 "메밀묵 사려~, 찹쌀떡~"이란 소리의 원조를 찾기 위해 많은 인터뷰 끝에 원조라는 사람을 찾았지만 그 사람은 원래 말투가 그런 투였다는 식의 이야기지요.

원조를 찾는 일은 쉽지 않습니다. 왜냐하면 여러 사람들의 기억에 의존하다 보니 사람마다 약간씩 다른 기억을 가지고 있어서 '이게 맞다'고 쉽게 말할 수 없기 때문입니다.

한국에서 우든펜의 역사를 되짚어 보는 일 또한 그렇지 않을까 싶습니다. 아무도 정확하게 시작점을 이야기할 수는 없지만 인터넷에 남아있는 기록으로 우리나라의 우든펜의 역사를 살펴보자면, 지금부터 약 10년쯤 전에 만들어진 '우든펜 만들기' 카페의 카페지기이신 이창순 님을 그 시작으로 보는 사람이 많습니다. 해외 전시회를 자주 나가는 직업 특성상 우연히 우든펜을 본 후 2004년 12월 20일 '우든펜 만

인터넷에 있는 우리나라 최초의 우든펜 사진

들기'라는 카페를 만들고, 2004년 12월 26일에 본인이 만든 유러피안 펜을 올린 것을 우리나라 우든펜의 시작이라 보는 것입니다. 실제로 이 카페를 통해 많은 분들이 우든펜이라는 분야를 알게 되었습니다.

또 한 가지 주장으로는 포털사이트 Daum의 '백년가구'라는 카페에 2005년 6월 11일에 포스팅된 글에서 찾을 수 있습니다. '우든펜 만들기' 카페에 올라온 펜들은 외국에서 펜키트를 구매해 깎고 조립을 한 형태지만 이 글을 올린 '하늘사랑' 님은 부속품을 일일이 제작하여 꽤 오랜 시간 동안 하나의 펜을 만들었습니다. 아마 한국 최초의 우든펜 메이커(최소한 펜키트가 아닌 직접 형태의)라고 짐작됩니다. 몇몇 분들은 이분의 작품을 보고 우든펜을 만들기 시작했다고 합니다. 하지만 따라하기가 쉽지는 않았을 것입니다. 쉽게 구할 수 없는 부품을 직접 만들어 가며 우든펜을 제작했기 때문입니다. 지금 보아도 상당히 고급스러운 느낌의 우든펜으로 보여집니다.

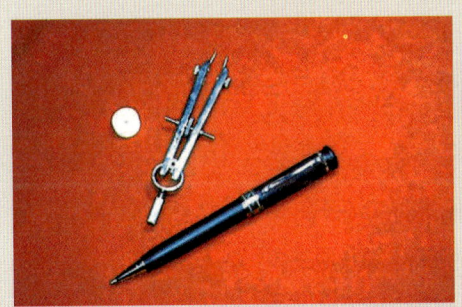

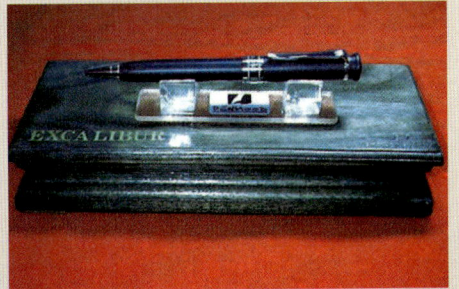

그럼 우리나라 우든펜은 언제부터 대중화되기 시작했을까요? 시작은 2004년 무렵으로 보이지만 실제 우든펜이 많은 사람들에게 알려지기까지는 오랜 시간이 걸렸습니다. '우든펜 만들기' 카페에 카페지기가 아닌 분의 작품은 2007년 4월에서나 올라오게 됩니다.

많은 사람들은 국내 우든펜이 활성화된 요인으로 우든샤프를 이야기합니다. 2007년 6월 '펜탈 205'를 기반으로 우든샤프가 만들어지기 시작하면서 펜키트를 구입할 필요 없이 몇 가지 준비물만 있으면 쉽게 우든펜이라는 것을 만들 수 있게 되었습니다. 저도 처음 시작은 우든샤프였고 한동안 다른 펜키트는 거들떠 보지도 않고 샤프만 깎았습니다. 경제적 부담도 크지 않았고 많은 사람에게 기쁘게 선물을 할 수 있었기 때문입니다.

이전까지 우든펜은 펜키트를 해외에서 구입하여 만들어야 했기에 쉽게 접하기 힘든 분야였습니다. 물론 펜키트를 수입해서 판매하는 사이트도 있었지만 펜 깎기에 익숙하지 않은 상태에서 그리 싸다고 볼 수 없는 펜키트를 구매해 깎다 보면 제대로 완성된 상태를 얻기도 힘들었고 그 과정에서 꽤 많은 손실이 생길 수밖에 없었습니다.

그에 반해 우든샤프는 많은 사람들의 아이디어로 쉽게, 적은 비용으로 만들 수 있는 상태로 발전하였고, 쉽게 우든펜 만들기를 경험할 수 있게 되었습니다. 그 덕분에 우든펜 터닝을 취미로 갖게 된 분들이 많아졌습니다. 한국인 특유의 손재주가 결합된 우든샤프는 현재 다른 나라에선 볼 수 없는 우리나라만의 독특한 우든펜 분야로 자리매김되고 있습니다.

PART 4

우든펜 만들기

우든샤프 만들기를 통해 어느 정도 목선반 작동법에 익숙해졌을 것입니다. 이제 본격적으로 우든펜을 만들어보도록 하겠습니다. 간혹 우든펜을 만들려면 우든샤프를 100자루 깎고 나서 도전하라는 분도 있습니다. 상당히 일리가 있는 조언이며, 가급적이면 따르는 게 좋다고 생각합니다.

다른 목공 분야에 비하면 쉽게 배우고 그 결과물을 불과 몇 시간 안에 얻을 수 있으나 정확한 공구 사용법이 몸에 자연스럽게 익어야 좋은 우든펜을 만들어낼 수 있기 때문입니다. 따라서 이 책을 읽는 독자분들은 우든샤프를 통해서 충분히 목선반, 목선반칼, 그리고 나무에 익숙해진 후 이번 단원으로 넘어오길 바랍니다. 우든샤프를 익숙하게 만들 정도로 숙련이 된 분이라야 지금부터 설명할 슬림펜 제작방법을 쉽게 익힐 수 있습니다. 참고로 슬림펜 제작법에 익숙해진다면 수성펜이나 고가의 만년필을 만들기는 그리 어려운 일이 아닙니다.

1단계
블랭크 재단 및 천공하기

우든펜을 만들기 위한 첫 번째 단계 역시 블랭크를 고르는 것입니다. 그런데 이 블랭크는 각각의 펜키트 별로 필요로 하는 사이즈가 다양합니다.

펜키트를 크게 나누어 본다면, 블랭크가 상하 구분이 되는 펜키트(슬림펜, 스트림라인펜, 알렉산더펜 등)*와 블랭크가 하나의 일체형이 되는 펜키트(뷰티펜, 시에라펜, 총알펜 등)가 있습니다. 상하 구분이 되는 펜키트의 블랭크 사이즈는 황동관* 길이의 합에 최소한 10mm 정도를 더한 길이가 되는 것이 바람직합니다. 단일 황동관을 사용하는 일체형 펜키트는 황동관 길이에 약 4mm 정도만 더 여유가 있으면 됩니다.

한편, 블랭크의 길이뿐만 아니라 두께도 황동관의 두께에 따라 달라집니다. 보통 황동관 지름이 13mm 이상이면 블랭크 한 변의 길이도 25mm 정도는 되어야 안심하고 천공할 수 있습니다. 경우에 따라서는 비교적 작은 블랭크에 큰 황동관을 삽입한 후 블랭크에 얇은 나무를 덧대어 천공을 하기도 합니다만, 안전한 천공을 위해서는 블랭크의 규격을 여유있게 준비하는 것이 좋습니다.

* 각각의 펜키트에 대한 설명과 도면은 183쪽을 참고하세요.

황동관 펜키트 중 나무(블랭크)를 얇게 깎더라도 나무의 틀을 유지시켜줄 수 있도록 뼈대 역할을 하는 부속을 말합니다.

블랭크 준비하기

심재와 변재 나무의 중심(심재) 부분과 외부(변재) 부분

우든펜을 처음 만들 때에는 대개 길이 125mm 내외로 재단된 블랭크를 구입해서 사용하게 되므로 무늬를 골라서 재단할 필요를 느끼지 못합니다. 하지만 직접 블랭크를 만들거나 좀 더 긴 블랭크를 구한 경우 가장 아름답고 맘에 드는 무늬가 나오도록 재단을 해야 할 것입니다. 또한 심재와 변재* 등 나무의 특성을 파악하여 상대적으로 약한 부위인 변재 부분이 가급적 포함되지 않도록 하는 것이 좋습니다.

블랭크에 마킹하기

자, 이제 본격적으로 슬림펜 제작에 들어가보도록 하겠습니다.

슬림펜용 블랭크를 골랐다면 황동관을 대고 황동관 양쪽 끝 부분에 각각 2mm 정도의 여유를 둔 다음 매직이나 네임펜으로 선을 그어줍니다.

블랭크 무늬 선별

황동관을 나열하고 블랭크 길이 대조

가운데 부분을 표시하기 위해 블랭크에 화살표를 그려주고, 다른 면에는 중앙을 관통하는 기다란 원을 그려줍니다. 이는 나중에 구분하기 편리하도록 표시하는 것입니다.

슬림펜 가운데 부분을 마킹하기

반대편 마킹하기

펜을 하나만 제작하는 경우나 여러 개를 한꺼번에 제작하더라도 블랭크가 각각 쉽게 구분이 된다면 네임펜 마킹이 필요 없겠으나, 만약 동일한 수종의 블랭크로 여러 개를 한꺼번에 만든다면 블랭크 양 끝에 각각 번호를 기록하여, 다른 블랭크와 섞이지 않도록 하는 것이 필요합니다.

여러 개의 펜을 한꺼번에 만들 때 마킹 방법

블랭크 재단하기

마킹이 끝났으면, 테이블쏘나 밴드쏘, 골절기 등의 목공기계로 선을 따라 재단합니다. 만일 이런 기계공구가 없다면 손 톱 등을 이용하여 재단해줍니다. 기계공구를 이용하여 재단하는 것은 초보자에게는 매우 위험할 수 있으므로 반드시 전문가에게 사용방법을 숙지한 후 사용하거나 재단을 요청해야 합니다. 손톱을 사용하는 경우에는 '등대기톱'을 구입하는 것이 좋습니다.

테이블쏘로 블랭크 재단하기

등대기톱으로 블랭크 재단하기

블랭크 센터파인딩하기

재단이 끝났으면 천공을 위해 다음 페이지 왼쪽 상단 사진에서 보는 바와 같이 블랭크를 순서대로 나열합니다. 그리고 블랭크의 가운데 부분을 위로 오게 세우고 대각선으로 선을 그어 중심을 찾습니다. 이것을 센터파인딩이라 하는데, 이때 선은 매직이나 네임펜이 아닌 연필이나 샤프를 사용하는 것이 바람직합니다. 자를 이용하여 선을 긋는 게 불편하다면 1교시에서 소개했던 센터파인더를 이용해보세요.

천공 전 블랭크 정렬하기

센터파인더를 이용한 센터파인딩

자로 하는 센터파인딩

센터파인딩 완료 모습

블랭크 절단면에서 센터를 찾는 이유는 바로 다음 단계에서 이루어질 천공 작업과 관련이 있습니다. 정가운데 부분에서 천공이 시작된다면 설령 천공이 조금 빗나가더라도 상하 블랭크 절단면을 맞출 때 가운데 부분이 연결이 될 확률이 높기 때문입니다. 센터를 표시하지 않고 어림짐작으로 천공을 하다가 수직 천공이 제대로 안 될 경우 절단면에서 서로 구멍이 맞지 않고 틀어질 가능성이 상당히 높습니다.

드릴프레스로 천공하기

센터를 마킹했다면 이제 천공단계로 넘어갑니다. 앞서 우든샤프를 만들 때 목선반에서의 천공 방법과 드릴프레스에서의 천공 방법 모두를 소개했으나, 여기에서는 드릴프레스를 이용한 천공 방법만 설명하겠습니다. 물론 우든샤프의 천공과 마찬가지로 우든펜 또한 목선반에서의 천공이 가능합니다.

* '드릴비트 한 번에 준비하기'는 74쪽을 참조하세요.

천공을 하기에 앞서 바이스에 블랭크를 물리고 드릴비트 사이즈를 결정해야 합니다. 드릴비트 사이즈는 '드릴비트 한 번에 준비하기' 표*를 보고 찾을 수도 있지만, 가급적이면 황동관의 외경을 버니어 캘리퍼스로 측정하고 계산하는 습관을 들이는 것이 중요합니다. 왜냐하면 동일한 이름의 펜키트라도 황동관의 사이즈가 제조회사별로 약간씩 다를 수 있기 때문입니다.

예를 들어 버니어 캘리퍼스로 측정한 슬림펜의 황동관 외경 사이즈가 6.8mm 정도라면 여기에 0.2mm를 더한 수치가 순간접착제를 사용하는 경우의 드릴비트 사이즈가 됩니다. 다만 황동관을 블랭크에 삽입할 때 순간접착제가 아닌 폴리우레탄 계열의 접착제를 사용한다면 0.1mm만을 더한 6.9mm의 드릴비트를 사용해도 됩니다. 황동관과 블랭크의 유격이 작을수록 더 좋기 때문에 이러한 방법을 취하기도 하지만 비교적 신속하게 제작을 하려면 순간접착제를 사용하게 되므로 드릴비트를 두 가지로 넉넉하게 준비하지 않는 한 0.2mm를 더한 기준으로 드릴비트를 준비하는 것이 좀 더 안전합니다.

블랭크, 황동관, 드릴비트

드릴프레스 바이스 장착

초기 천공이 빗나간 모습

드릴비트를 장착할 때 드릴척이 키레스 척 타입인 경우에는 꽉 조여서 비트가 풀리지 않도록 유의해야 하고, 일반 척인 경우 조이는 구멍이 통상 3개 있으므로 각 구멍별로 조금씩 돌려가며 안전하게 조여줍니다.

천공을 할 때에는 반드시 바이스나 클램프 등을 이용하여 블랭크를 고정시켜줘야 합니다. 손으로 블랭크를 잡고 천공을 하는 것은 매우 위험합니다. 드릴비트에 블랭크가 물려서 블랭크가 회전하게 되면 손을 다칠 수도 있고, 블랭크를 옆으로 뚫고 나올 수도 있기 때문에 반드시 안전하게 바이스를 장착하여 천공해야 할 것입니다. 또한 드릴프레스를 사용할 때 장갑은 끼지 않도록 합니다.

바이스에 블랭크를 물리고 드릴프레스 손잡이를 돌려서 드릴비트 끝부분이 블랭크의 정중앙에 닿을 수 있도록 조정한 후 바이스를 고정시켜 줍니다. 그리고 드릴프레스 전원을 켜서 천공을 시작하는데, 맨 처음에는 드릴비트의 끝 부분이 블랭크에 아주 조심스럽게 천천히 닿을 수 있도록 해야 합니다. 빠르게 천공하려는 마음에 급하게 블랭크에 갖다 대면 나무의 결에 미끄러져 천공 위치가 틀어질 수 있습니다. 이러한 현상은 블랭크의 나뭇결이 엇결이나 크로스결인 경우에 많이 발생합니다. 따라서 블랭크를 황동관보다 여유있게 잘라두었다가 이와 같은 불량이 발생하면 해당 부분만큼 다시 잘라내어 천공을 시도해야 할 것입니다.

이밖에도 블랭크 천공 시 발생할 수 있는 상황은 여러 가지가 있습니다.

첫째, 블랭크 천공이 마무리되어지는 끝부분에 가서 블랭크가 터지는 경우입니다. 이럴 때에는 아래 사진에서 보는 바와 같이 바이스 아래 부분에 다른 나무를 받쳐주고 천공을 하면 깔끔한 단면으로 처리될 수 있습니다.

바이스 아래 나무 받침

둘째, 블랭크 규격이 뚫고자 하는 드릴비트 사이즈에 비하여 넉넉하지 않는 경우입니다. 이럴 때에는 블랭크 외부에 합판이나 여타 나무로 순간접착제 등을 이용하여 붙여줍니다. 이렇게 하면 블랭크 사이즈가 커지게 될 뿐만 아니라, 가운데 부분을 신중하게 천공할 경우 터지는 확률이 줄어들게 됩니다.

블랭크에 다른 나무를 덧댄 모습

이처럼 보강을 한 후에도 블랭크를 천공하는 작업은 천천히 조금씩 해주는 것이 좋습니다. 드릴비트는 블랭크를 파고들면서 마찰이 발생하여 열을 받게 됩니다. 따라서 상하 이동을 하면서 파낸 나무톱밥을 배출하고 공기 중에서 열을 식혀주는 것이 좋습니다. 특히 드릴프레스는 위에서 아래로 수직천공을 하기 때문에 톱밥 배출이 잘 되지 않으면 드릴비트의 골 부분에 톱밥이 끼어 천공이 잘 되지 않을 수 있습니다.

한편, 블랭크를 천공하다 보면 나무에서 연기가 나오는 경우가 있습니다. 이는 톱밥 배출이 잘되지 않아 나무가 끼여 마찰이 되기 때문이기도 하지만, 블랭크가 충분히 건조되지 않은 상태에서 수분이 열을 받아 수증기화되는 경우일 수도 있으므로 블랭크 건조 상태를 다시 한 번 확인하도록 합니다.

두 번에 걸쳐
안전하게 천공하기

7mm 펜과 같은 작은 치수가 아닌, 10mm 이상이 되는 큰 치수의 우든펜을 천공하는 경우 우든펜용 브래드포인트 드릴비트와 일반 철공용 드릴비트로 두 번에 걸쳐 천공을 해주는 것이 안전합니다. 브래드포인트 드릴비트는 0.1mm 단위까지 나뉘어져 있는 제품이 없고 대부분 0.5mm 이상의 단위로만 제작되어 있습니다. 따라서 천공하고자 하는 사이즈보다 적은 규격의 브래드포인트로 최대한 천공을 하고 나서, 정확한 사이즈의 일반 철공용 드릴비트를 사용해서 천공을 해야 쉽고 안전하게 천공을 할 수 있습니다.

예를 들어 10.6mm를 천공해야 하는 경우
10mm 브래드포인트 드릴비트를 사용하여 1차로 천공을 한 다음 10.6mm 철공용 드릴비트를 사용하여 최종 천공을 하는 것입니다.

10mm 브래드포인트 드릴비트로 1차 천공 모습

10.6mm 드릴비트로 2차 천공 모습

2단계
황동관 삽입과 트리밍

블랭크에 천공을 한 다음에는 되도록 빠른 시간 내에 황동관을 삽입하여야 합니다. 천공을 하고 난 후 한참 지나서 황동관을 삽입하려다 보면 황동관이 잘 삽입되어지지 않습니다. 이는 천공 후 나무가 수축 또는 휘어진 것이라서 다시 한 번 드릴비트로 천공을 해주어야 합니다. 이러한 번거로움을 피하려면 가급적 블랭크 천공 후 바로 황동관을 삽입하는 것이 좋습니다.

만약 자주 만드는 펜키트 종류가 있다면 황동관을 여유있게 준비해놓고 사용하면 편리합니다. 블랭크에 황동관을 삽입하여 준비해두면, 언제든지 바로 펜을 깎을 수 있고, 펜키트가 없더라도 펜키트를 주문하고 수령하는 기간 동안 미리 터닝을 해놓고 조립 직전까지 작업을 해놓을 수 있기 때문입니다.

황동관을 천공된 블랭크에 삽입할 때에는 황동관 외부에 사포 등으로 스크래치를 내주는 것이 좋습니다. 블랭크 내부와 황동관을 접착제로 결합할 때 스크래치 낸 부분에 접착제가 스며들어 좀 더 접착력이 좋아집니다. 이때 사용하는 사포는 '우든펜 준비하기'에서 설명했던 '천사포'입니다. 입방이 낮은 천사포일수록 거칠기 때문에 가급적 200방 이내의 거친 사포로 스크래치를 내 주는 것이 좋습니다.

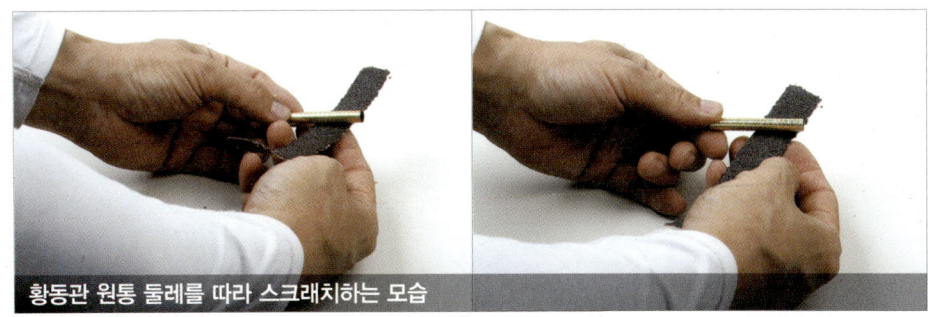

황동관 원통 둘레를 따라 스크래치하는 모습

천사포로 스크래치를 내줄 때에는 위 사진에서 보는 바와 같이 황동관의 길이 방향보다는 황동관의 원통 둘레를 따라서 가볍게 문질러 줍니다. 이때 사포 및 스크래치 부분에 손이 갈릴 수가 있으므로 펜튜브 인서터 같은 것을 이용하여 황동관을 끼워서 사용하는 것이 좋습니다.

스크래치 내는 작업이 끝났으면, 황동관의 한쪽 면을 막아줍니다. 이는 황동관에 접착제를 묻혀 블랭크에 삽입할 때 접착제가 황동관 내부로 밀려들어가는 것을 방지하기 위함인데, 이를 위해서 유토를 넓적하게 펴서 황동관으로 유토를 찍어냅니다. 다만 유토를 펴자마자 바로 찍어내면 유토의 수축하는 성질 때문

황동관을 유토로 막기

황동관을 유토로 막은 모습

에 황동관 안에 찍힌 유토가 쪼그라들면서 구멍이 완전히 메꿔지지 않을 수 있으므로 유토를 적당히 얇게 펴놓은 후 작업하는 것이 좋습니다.*

* 유토 외에 얇게 썬 지우개나 감자, 귤 껍질 등을 이용해도 좋습니다.

순간접착제 사용법

접착제는 순간접착제와 폴리우레탄 접착제 두 가지를 이용할 수 있습니다. 먼저 순간접착제를 이용하는 방법입니다.

순간접착제는 엑시아 브랜드의 경우 점도가 높은 목공용 835 또는 268 모델을 사용하고, 록타이트 브랜드의 경우 401 모델을 사용합니다. 순간접착제를 사용한다면 바른 후 비교적 짧은 시간 안에 다음 작업을 진행할 수 있는 장점이 있으나, 황동관 삽입 시 잘못하다가 중간에 굳어버릴 수 있으므로 블랭크의 천공된 구멍에 황동관을 미리 삽입해보고, 수월하게 들어가는지 점검하도록 합니다.

순간접착제를 바르기 전에 블랭크를 사진처럼 정렬해놓고, 블

블랭크 정렬해두기

삽입 부위 반대편에 접착제 흘려넣기

우든펜 만들기 **159**

블랭크 x 표시로 황동관 삽입하는 모습

최종 삽입 완료 모습

랭크의 천공이 시작된 부분이 아닌, 그 반대쪽이 보이게끔 세워 둡니다. 그리고 순간접착제를 구멍의 안쪽에 적당량 흘려 넣어 줍니다. 황동관이 들어갈 부분은 천공이 시작된 부분이지만 반대쪽에 순간접착제를 미리 흘려 넣어주어야 전체적으로 고르게 발라질 수 있습니다.

* 엑시아 268제품의 경우 경화시간이 약 1분에 가깝기 때문에 비교적 작업이 용이합니다.

그리고 나서 펜튜브 인서터에 황동관을 끼우고 황동관 외부에 순간접착제를 골고루 발라줍니다. 순간접착제는 비교적 빠른 시간 안에 굳어지므로 신속하게 작업을 해야 합니다.* 왼손으로 블랭크의 천공 시 시작된 부분(센터파인딩을 위해 표시한 부분)이 보이게끔 들었다면 오른손으로 펜튜브 인서터에 끼운 황동관을 신속하게 삽입합니다.

이때 바로 직진하여 집어넣는 것보다는 전후좌우로 움직이면서 삽입해야 순간접착제가 골고루 펴지면서 최종 깊이까지 들어갈 수 있습니다. 최종 삽입된 위치는 가급적 황동관이 들어간 구멍에서 약 1mm 정도만 안으로 들어간 상태가 될 수 있도록 합니다. 그러나 실제로 작업하다 보면 생각보다 조금 많이 들어가거나 덜 들어가는 상황이 될 수 있습니다.

황동관이 중간에 들어가다 멈춘 모습

유토를 꺼내는 모습

이렇게 블랭크의 절단된 부분(천공이 시작된 부분)에서 황동관 삽입을 시작하는 이유는 천공을 가운데 부분에서 시작한 이유와 동일합니다. 만약 블랭크 양쪽 끝에서 황동관 삽입이 시작된다면 가운데 절단된 부분에서 무늬가 끊어지는 현상이 나타날 수 있기 때문입니다.

만약 순간접착제를 바른 황동관이 들어가다 중간에 멈춰 선다면 재빠르게 목공용 바이스나 펜프레스를 이용하여 황동관을 삽입해주어야 합니다. 그렇지 않으면 지금까지 준비한 블랭크 작업은 모두 수포로 돌아갈 것입니다.

황동관이 제대로 삽입되었다면 송곳이나 둥근 줄 등을 이용하여 황동관 한쪽 구멍을 막고 있는 유토를 빼내주도록 합니다. 접착제가 완전히 굳은 상태에서 이를 떼어내는 것은 훨씬 어려운 작업이 될 수 있습니다. 가급적 작업 후 5분 이내에 신속하게 빼내도록 합니다.

폴리우레탄 접착제 사용법

순간접착제는 빠르게 굳기 때문에 황동관이 삽입되다가 블랭크 중간에서 멈춰버릴 수 있는 위험이 있습니다. 고가의 블랭크 등을 사용하는 경우 망연자실할 수밖에 없죠. 반면 폴리우레탄 접착제는 접착제가 부풀어 올라서 빈 공간을 메워주는 역할을 하고, 비교적 안정된 방법으로 접착을 할 수 있습니다.

폴리우레탄 접착제는 일반적으로 1~2시간 이내에 80% 정도의 경화가 일어나며, 12시간 정도 지나야 완전하게 경화가 이루어집니다. 따라서 신속하게 펜을 만들어야 한다면 순간접착제를 사용하는 편이 낫고, 시간적인 여유가 있는 경우라면 폴리우레탄 접착제를 사용하는 것이 바람직합니다.

폴리우레탄 접착제를 사용할 때에는 일회용 비닐장갑을 손에 끼고 작업하는 것이 좋습니다. 폴리우레탄 접착제가 손에 닿으면 며칠 동안 손에 검은 자국이 남을 수 있기 때문입니다.

폴리우레탄 접착제를 사용하는 방법은 순간접착제를 사용하여 황동관을 삽입하는 방법과 거의 동일합니다. 다만 폴리우레탄 접착제를 사용할 때에는 접착할 블랭크의 구멍 내부에 스프레이 등을 이용하여 물기를 발라주는 것이 좋습니다. 또한 순간접착제보다 시간적인 여유가 있으므로 서둘러서 황동관을 삽입할 필요가 없습니다. 황동관 표면에 골고루 접착제가 묻을 수 있도록 회전하면서 삽입을 하도록 합니다. 폴리우레탄 접착제도 경화 후 단단해지므로 유토 같은 메꿈이는 바르자마자 빼주는 것이 좋습니다.

구멍에 물뿌리는 모습

황동관이 삽입된 모습

드릴프레스에서 배럴트리머로 트리밍하기

자, 이제 트리밍 단계로 넘어가겠습니다. 트리밍은 우든펜을 만드는 과정에서 가장 중요한 공정입니다. 만약 트리밍이 잘 되지 않거나 비뚤어지면 펜을 조립했을 때 나무와 부품 사이의 유격이 많이 생기고 고품질의 펜을 만들 수 없게 됩니다. 드릴프레스에서 천공을 하였다면 트리밍도 드릴프레스에서 해주는 것이 좋습니다.* 목선반에서 천공을 하였다면 트리밍도 목선반에서 쉽게 할 수 있습니다.

* 드릴프레스에서 천공된 블랭크를 목선반에서 트리밍하려는 경우 센터를 잡는 방향이 많이 달라서 다소 어려운 작업이 될 수 있습니다.

일단 트리밍 작업 전에 접착제를 제거해야 합니다. 메꿈이로 황동관을 메우고 작업했더라도 일부 접착제가 내경으로 스며들었을 수 있기 때문입니다. 접착제가 스며든 경우 배럴트리머 샤프트가 잘 삽입되지 않을 수 있기 때문에, 둥근 줄이나 황동관 내경에 맞는 드릴비트를 이용하여 내부를 청소해줍니다.

황동관에 붙어 있는 접착제가 잘 제거되었으면, 클램프를 이용하여 블랭크를 고정시킨 후 배럴트리머가 장착된 샤프트에 끼

| 트리밍 직전 둥근 줄로 접착제 제거하는 모습 | 황동관 내경에 맞는 드릴비트로 청소하는 모습 |

워줍니다. 천공 시에는 바이스로 블랭크를 고정시켰으나 트리밍을 할 때에는 바이스가 아닌 클램프를 이용해야 하는데 이는 바이스에서의 천공이 수직으로 이루어졌다는 보장이 없기 때문입니다. 다시 말해 바이스로 블랭크를 잡았을 때 천공의 방향과 배럴트리머 샤프트가 평행이 되리라는 보장이 없기 때문에 오히려 샤프트를 따라서 블랭크가 자리를 잡을 수 있도록 클램프를 사용하는 것입니다.

| 권장 방법 | 좋지 않은 방법 |

트리밍할 때 황동관이 보임

배럴트리머 장착이 완료되었다면 천천히 손잡이를 돌려서 트리밍을 시작합니다. 나무의 성질에 따라 쉽게 트리밍되는 경우도 있고, 빡빡하게 잘 나가지 않는 경우도 있습니다. 너무 많이 트리밍되는 경우 황동관의 길이가 짧아져 결과적으로 펜의 길이가 짧아질 수 있기 때문에 천천히 조금씩 트리밍을 하여야 합니다. 황동관이 많이 트리밍이 되어 짧아지면 일부 펜들은 펜을 조립했을 때 불량이 발생할 수도 있습니다. 뷰티펜이라고 불리는 펜이 바로 그런 경우인데요, 이런 특성이 있는 펜은 트리밍에 특히 더 신경을 써야 합니다.

만약 트리밍을 해야 할 나무의 양이 많다면 황동관이 잘리지 않을 만큼 미리 커팅을 해주도록 합니다. 트리밍을 시작하면서 잘려 나가는 톱밥 사이로 황동관이 번쩍이면서 보이기 시작하면 트리밍을 즉시 중단합니다. 그리고 나머지 반대 부분을 동일한 방법으로 트리밍해줍니다.

둥근 줄로 갈아내기

황동관이 많이 트리밍되었다면 맨드럴이나 부싱에 잘 삽입되지 않을 것입니다. 이때에는 둥근 줄 같은 것을 이용하여 납작하게 눌린 황동관 부분을 조금씩 갈아 내줍니다.

7mm 펜의 경우 배럴트리머 샤프트가 황동관의 내경에 딱 들어맞아서 트리밍하기가 쉬운 편입니다. 하지만 황동관이 큰 다른 펜키트의 경우에는 어떻게 해야 할지 난감해집니다. 내경이 큰 황동관에 그냥 트리밍을 한다면 트리밍이 바로 이루어지지 않고 비뚤어지게 될 확률이 높으니까요.

이런 경우를 대비해서 배럴트리머 샤프트를 여러 가지 사이즈로 함께 묶어 파는 제품도 있습니다. 그러나 배럴트리머 샤프트를 매번 교체하는 것은 여간 번거로운 일이 아닙니다. 또한 샤프트가 여러 가지로 구비되어 있는 배럴트리머는 주로 중국산이라서 그다지 품질이 우수한 편도 아닙니다. 이 문제를 해결한 것이 바로 배럴트리머 어댑터입니다. 황동으로 만들어진 배럴트리머 어댑터는 플라스틱보다는 튼튼하나 쇠보다는 무른 재질이어서 배럴트리머의 날을 보호하기에는 적합합니다.

배럴트리머와 어댑터

7mm 펜이 아닌 펜의 트리밍을 위한 배럴트리머 어댑터 장착 모습

목선반에서 트리밍하기

한편 목선반을 이용한 트리밍 방법도 가능합니다. 먼저 배럴트리머를 선반 주축에 확실하게 끼워넣어 장착합니다. 이 경우 일반적인 테이퍼(경사) 형태의 드릴척보다는 나사산 형태로 주축의 스핀들을 감싸는 드릴척 고정너트를 사용하는 것이 보다 안전합니다. 더군다나 이 작업은 심압대를 주축에 가능한 압착하여 사용하기 때문에 상대적으로 위험성이 낮습니다.

테이퍼 형태의 드릴척

나사산식 드릴척 고정너트

다만 이 작업을 위해서는 몽키스패너와 같은 집게를 준비하여야 합니다. 몽키스패너를 블랭크에 물리고 블랭크를 배럴트리머의 샤프트 안으로 삽입하여 줍니다. 그리고 심압대를 최대한 블랭크에 압착시켜줍니다.

심압대 고정레버를 이용하여 심압대를 고정시킨 후 전원스위치를 작동시켜 배럴트리머를 회전시킵니다. 심압대의 스핀들은 심압대 핸들을 이용하여 좌우 이동이 가능하도록 고정시키지는 않습니다. 심압대 핸들을 이용하여 스핀들이 왼쪽으로 움직이게끔 조금씩 밀어주도록 합니다. 이때 드릴프레스와 마찬가지로 배럴트리머 날과 블랭크 내부의 황동관이 맞닿아 황동 부분이 번쩍 빛나는 지점에서 트리밍을 중단시켜 줍니다.

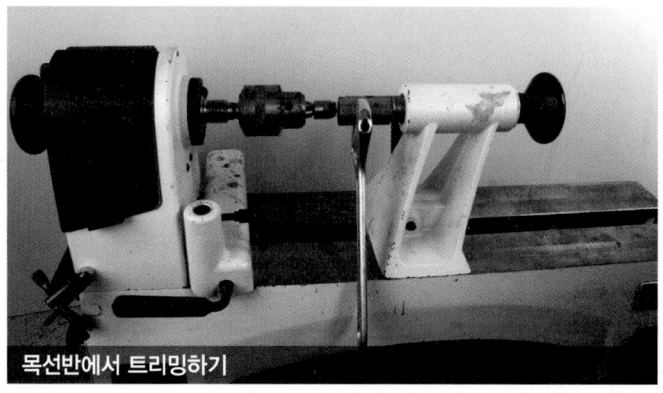

목선반에서 트리밍하기

몽키스패너로 잡아주기

3단계
목선반에서 터닝하기

지금까지 과정은 우든펜을 만들기 위한 사전 준비 과정이었습니다. 황동관을 삽입하고, 트리밍을 거치는 등 조금 까다로운 공정이 있었지만 정성이 깃든 펜을 만들기 위한 아주 기본적인 과정일 뿐입니다. 물론 우든샤프를 만들 때에도 황동관을 삽입하는 과정이 있었지만 필수 과정은 아니며 우든펜에 비하면 좀 더 간단한 편이었습니다.

이제 천공과 트리밍이 완료된 블랭크*를 가지고 본격적인 터닝 작업에 들어가도록 하겠습니다. 슬림펜을 터닝하려면 슬림펜용 부싱을 준비해야 합니다. 슬림펜 등 아주 간단한 펜키트 이외의 부싱은 대부분 펜키트의 위치마다 각기 다른 사이즈의 부싱을 순서대로 장착하여야 하기 때문에 가급적 펜 도면을 보고 버니어 캘리퍼스로 부싱의 사이즈를 재가면서 장착해야 합니다.

* 트리밍이 완료된 블랭크를 이제부터 '배럴'이라고 지칭하겠습니다.

슬림펜용 도면

슬림펜용 부싱은 사이즈가 모두 동일하므로 어떤 것이든 순서에 상관없이 사용해도 좋습니다. 아래 그림처럼 '부싱+상단 배럴+부싱+하단 배럴+부싱'의 순서로 장착을 하고, 우든샤프를 터닝할 때와 동일한 방법으로 심압대 및 칼받침대를 장착합니다.

부싱 및 블랭크 장착 모습

환칼로 원통형 터닝하기

환칼을 이용하여 터닝을 시작합니다. 환칼을 비롯하여 창칼을 사용하는 몇 가지 중요한 원칙은 우든샤프 터닝 시에 설명했습니다. 다시 한 번 정리해본다면,

- 가운데에서 바깥쪽으로 터닝을 시작하고,
- 두꺼운 부분에서 얇은 부분으로 터닝을 해나가며,
- 창칼 및 평칼은 앞쪽으로만 전진하고 후진을 하지 않는다.

이와 같은 기본 사항을 숙지하면서 터닝을 시작합니다. 슬림펜의 경우 가운데 부분에 부싱이 있으므로 부싱이 아닌 상단 배럴과 하단 배럴의 각각 가운데 부분에서 터닝을 시작해야 합니다.

우든펜을 터닝할 때, 부싱과 부싱 사이에 있는 각 배럴의 라인은 아주 부드러운 선으로 이어지도록 하는 것이 디자인상 좋습니다. 물론 처음부터 라인이 부드럽게 이어지도록 터닝하는 것은 매우 어려운 일일 수 있으나 어렵다는 이유로 투박하게 펜을 터닝한다면 최종 조립 후에 펜의 균형이 맞지 않아서 시각적으로 아름답지 못한 펜이 탄생하게 됩니다.

창칼로 1mm 이내로 두께를 남기기

환칼로 각 부싱의 두께보다 약 2~3mm 정도 두껍게 터닝을 한 다음, 창칼로 깔끔한 단면을 이어서 터닝합니다. 이때 터닝하는 정도는 부싱보다 약 0.5~1.0mm 정도 이내의 두께만큼입니다. 창칼로 최종 부싱의 두께까지 마무리하지 않는 이유는 다음에 이어질 샌딩 시에도 나무가 마모되어 두께가 줄어들기 때문입니다. 만약 창칼로 마무리한 수준이 부싱의 두께와 같거나 더 얇아지면 더 이상 샌딩을 할 여유가 없어져서 좋은 펜을 만들 수 없게 됩니다.

4단계
샌딩 및 마감하기

우든샤프와 마찬가지로 목선반칼로 터닝을 마무리하였다면 그 다음은 사포로 샌딩을 해야 합니다. 먼저 220방 사포 전면을 이용하여 상하 배럴을 골고루 샌딩해 나갑니다. 이때 가급적 가운데와 양 끝에 있는 부싱은 닿지 않도록 하고, 나무만 샌딩이 될 수 있도록 주의합니다.

220방 사포로 샌딩 시작하기

부싱과 배럴의 중간을 샌딩하는 모습

작업을 하다 보면 알겠지만 우든샤프에 비하여 우든펜의 샌딩 작업은 좀 더 까다롭습니다. 그 이유는 부싱에 사포가 닿지 않게 샌딩해야 하기 때문입니다. 부싱은 1회용이 아니고 적어도 수십 개의 펜을 만들 동안 사용을 해야 하므로 목선반칼로 터닝을 하거나 샌딩을 할 때 가급적 건드리지 않아야 합니다.

나무 부분인 상하 배럴을 220방 사포로 샌딩하였다면 배럴과 부싱이 각각 절반씩 걸치도록 가볍게 사포를 갖다 대 줍니다. 400방 사포와 600방 사포로도 같은 공정을 해야 하므로 220방 사포로 배럴의 나무 두께를 부싱과 완전히 맞추어서는 안 됩니다.

샌딩 시 유의해야 할 점이 하나 더 있습니다. 바로 부싱에서 묻어나오는 쇳가루입니다. 부싱은 철로 만들어져 있고, 샌딩을 하게 되면 검정색 쇳가루가 나오게 됩니다. 이 쇳가루를 무시하고 샌딩을 해버리면 자칫 쇳가루가 나무에 묻어 거무튀튀한 색깔을 띠게 됩니다. 검정 톤인 흑단이나 웬지라면 몰라도 밝은 계열의 나무에 이러한 쇳가루가 묻는다면 결코 좋은 결과물이 나올 수 없을 것입니다.

사포에 쇳가루가 묻어나온 모습

이러한 이유로 샌딩을 할 때 부싱이 닿아서 쇳가루가 나오는 부분은 다른 샌딩 부위에 닿지 않도록 조심해야 합니다. 우든샤프를 만들 때에는 하나의 사포로 여러 자루를 샌딩할 수 있었지만 우든펜을 만들 때에는 1회용으로 사포를 사용하는 것이 바람직합니다.

600방 사포까지 동일한 방법으로 샌딩을 마무리한 다음에는 천으로 배럴에 묻어 있는 먼지를 닦아준 후 마지막 작업 공정인 마감으로 넘어갑니다.

마감하기

우든샤프를 제작하는 과정에서는 오일로만 마감을 하였으나 이번에는 좀 더 광을 낼 수 있는 크리스탈 코트와 마이랜즈 하이 프릭션 폴리시(이하 '마이랜즈')를 사용하도록 마감 공정을 하겠습니다. 사실 마감의 종류는 너무나도 많고 새로운 제품의 출시와 마감방식의 조합으로 더더욱 다양한 마감 방법이 개발되고 있습니다. 지금부터 설명하는 방법은 이러한 여러 가지 마감 방법 중의 하나일 뿐입니다.

초기 우든펜 제작 시에 많이 사용되었던 왁스 마감방법은 지속성에 한계가 있었습니다. 그 대안으로 나타난 것이 소위 말하는 순접 마감법(순간접착제로 마감)입니다. 순접 마감 또한 장점만 있는 것은 아닙니다. 우든펜의 사용 과정 중 스크래치나 금이 가

오일로 마감하는 모습

는 등 단점도 있습니다. 하지만 마감 직후 광택이 아주 뛰어나기 때문에 펜터너들에게 인기가 많습니다. 여기서는 이에 버금가는 효과를 내는 크리스탈 코트와 마이랜즈를 사용하여 마감하는 방법을 설명하도록 하겠습니다.

먼저 천에 오일을 묻혀 가볍게 배럴 전체를 도포해줍니다. 오일 마감을 해준 다음에는 나무가 오일을 흡수하고 내뱉는 자연적인 과정이 마무리될 정도로 충분한 시간을 두는 것이 좋습니다. 하지만 여러 자루의 펜을 한꺼번에 만들 경우에는 오일을 마감한 후 아래 사진에서 보는 바와 같이 배럴꽂이에 빼서 보관을 하고 다음 목선반 작업을 할 수도 있습니다.

크리스탈 코트로 마감하는 모습

오일을 도포한 이후에는 크리스탈 코트를 천에 조금 묻혀서 목선반을 최저 속도(100rpm 이하)로 돌려가면서 전체적으로 도포를 해줍니다. 만약 속도조절이 되지 않는 목선반이라면 목선반 핸들을 손으로 돌려가면서 도포를 해주어도 좋습니다. 이와 같은 작업을 고속에서 하지 않는 이유는 크리스탈 코트가 회전력에 의해 튀어 눈과 같은 부위에 부상을 입을 수도 있기 때문입니다.

크리스탈 코트를 완전히 바른 다음에는 목선반 회전속도를 최대로 가동하여 크리스탈 코트를 묻혔던 천을 갖다 대주어 마찰력을 발생시킵니다. 마찰에 의하여 열이 발생하면 크리스탈 코트 성분이 나무에 압착되어 경화되고 광이 오르게 됩니다. 이때 광을 최대로 올리기 위해 천을 배럴에 한 바퀴 감아 꼬아서 좌우로 이동시켜주기도 하는데, 잘못하여 천이 달라붙어 감겨버리면 나무가 타버리기도 하니 너무 꽉 쥐지 말고 좌우 이동이 비교적 자유롭게 해줍니다.

크리스탈 코트를 2~3회 정도 마감해주면 보다 좋은 효과를 거둘 수 있습니다. 다만 너무 많은 양을 도포하는 경우 두꺼운 도포로 인하여 오히려 광택이 안 날 수 있으니 유의하기 바랍니다.

크리스탈 코트만으로도 상당한 마감 효과를 거둘 수 있으나 여기에 더하여 마이랜즈를 추가하여 마감을 할 수도 있습니다. 마이랜즈는 크리스탈 코트보다 점도가 낮아서 거의 물과 같습니다. 사용하기 전에는 반드시 흔들어서 사용해야 합니다. 마이랜즈를 천에 묻히면 바로 흡수되어 버리므로 천을 조금 도톰하게 준비하여 손에 닿지 않도록 해주는 것이 좋습니다.

실러와 폴리시 실러는 메꾸는 역할을 하는 마감제이고 폴리시는 윤이 나게 하는 마감제입니다.

마이랜즈는 전용 실러(sealer, 실란트) 제품*을 먼저 사용합니다. 폴리시(polish)* 제품을 사용하는 것도 가능하나 크리스탈 코트를 이용하면 어느 정도 실러의 효과를 거두게 되므로 '크리스탈 코트 → 마이랜즈' 순으로 사용합니다.

5단계
우든펜 조립하기

마감을 마친 배럴을 꺼내기에 앞서 매직이나 네임펜을 준비합니다. 여타 펜키트는 이러한 준비가 필요 없으나 슬림펜처럼 상하 배럴의 길이나 사이즈가 동일한 펜이거나 단일 배럴이지만 양끝의 배럴 사이즈가 약간 다른 펜키트라면 매직을 이용하여 특정 부분에 마킹을 해주는 것이 필요합니다.

슬림펜의 경우 가운데 부싱에서 만나는 부분의 황동관 내부에 매직으로 표시해두면 배럴을 꺼내어 두더라도 쉽게 배열을 맞출 수가 있습니다. 상하 무늬가 뚜렷한 나무라면 무늬만으로도 맞출 수 있으나 파덕처럼 나이테가 보이지 않거나 무늬가 엇비슷하다면 배열을 맞추는 것이 쉽지 않기 때문에 마킹을 해두는 것이 편리합니다.

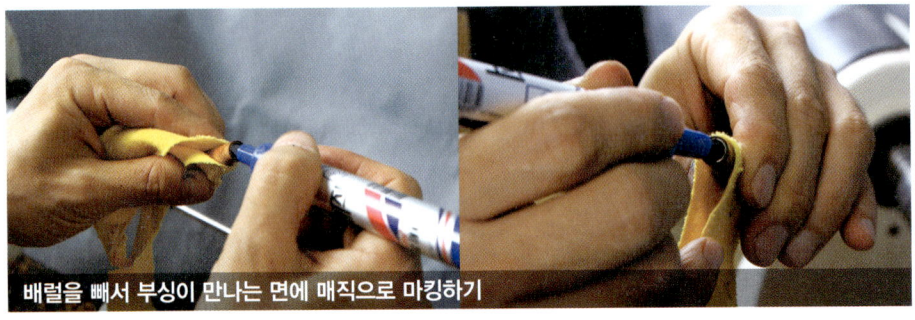

배럴을 빼서 부싱이 만나는 면에 매직으로 마킹하기

펜트레이에 배열하기

펜트레이에 꺼낸 배럴과 펜키트에서 꺼낸 부품들을 조립도에 따라 배열해둡니다. 조립도는 부싱을 장착할 때도 필요하지만 이렇게 순서에 따라 부품을 조립해야 할 때도 필요합니다.

이렇게 각 부품들을 모두 정리했다면, 조립 순서에 따라 펜프레스나 목공용 바이스를 이용하여 조립을 해줍니다.

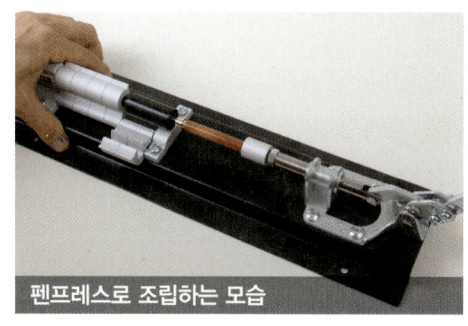

펜프레스로 조립하는 모습

조립이 완성된 모습

슬림펜 조립에 있어서 초보자들이 저지르기 쉬운 오류는 크게 두 가지가 있습니다.

첫째, 트위스트 메커니즘을 반대 방향으로 끼우는 것입니다. 트위스트 매커니즘을 하단 배럴에 삽입하는 경우 황동 부분이 먼저 들어가게끔 끼워야 하나, 은색 부분을 먼저 넣어 조립하는 경우 다시 분해를 해야 합니다.

둘째, 트위스트 메커니즘을 너무 많이 하단 배럴에 삽입해버려 펜을 조립한 후 잠그었을 때 펜 심이 밖으로 돌출되어 있는 경우입니다.

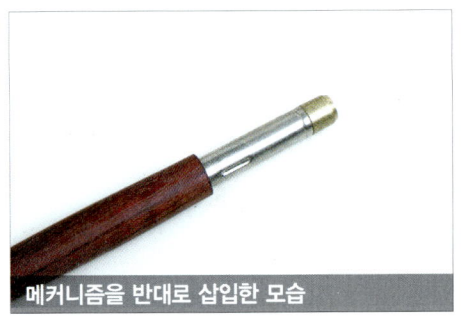
메커니즘을 반대로 삽입한 모습

메커니즘을 하단 배럴에 너무 많이 삽입한 모습

슬림펜 이외의 펜키트를 조립할 때에는 각각 펜키트의 종류에 따라 주의해야 할 사항들이 있으므로 각 펜키트의 조립 설명서에 따라서 하나씩 조립을 해야 합니다.

자, 이렇게 완성된 슬림펜은 세상 어디에도 똑같은 제품이 없는 유일한 우든펜이며, 여기까지 성공적으로 따라왔다면 이와 유사한 방법으로 여러 가지 우든펜을 만들 수 있는 기본을 갖추게 된 것입니다.

트리머날 연마하기

배럴트리머는 중국산보다 국산 쏘비트 사 제품을 준비하는 것이 좋다고 앞서 설명했습니다. 하지만 쏘비트 배럴트리머도 황동관을 갈아내고 본드 등 접착제와 나무가루 등이 묻으면 절삭력이 약화될 수 있습니다. 그러므로 배럴트리머의 성능이 현저히 떨어졌다고 생각되면 이를 연마해줄 필요가 있습니다. 배럴트리머 연마에는 여러 가지 방법이 있지만 여기에서는 네이버 카페 아이디 '큰산' 님의 노하우를 소개합니다.

배럴트리머 날 연마 준비물

먼저 600방 정도의 종이사포와 1,000방 정도의 필름사포, 스프레이 접착제와 정반(알루미늄 또는 강화유리)을 준비합니다. 그리고 정반의 양면에 스프레이 접착제를 뿌려 필름사포와 붙여줍니다. 이때 스프레이 접착제가 한 곳에 몰려 면이 울퉁불퉁하지 않게 유의합니다.

배럴트리머 헤드 분리하는 모습

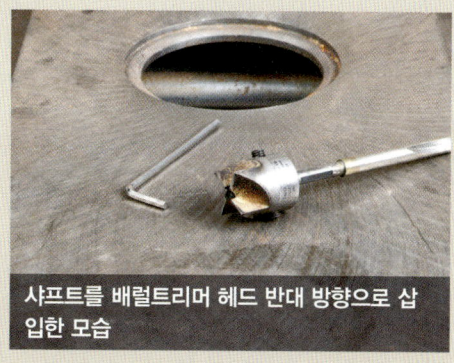
샤프트를 배럴트리머 헤드 반대 방향으로 삽입한 모습

다음으로 육각렌치를 이용하여 배럴트리머의 헤드와 샤프트를 분리한 다음, 방향을 바꾸어 다시 끼워줍니다.

배럴트리머 샤프트를 바꿔 끼워 드릴프레스에 사진과 같이 장착하여 줍니다.

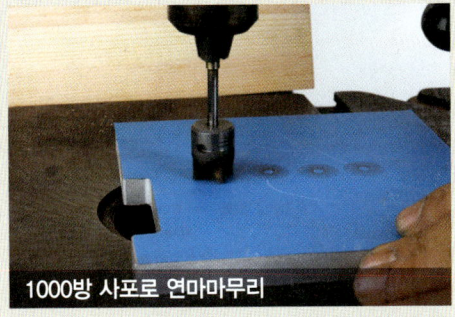

먼저 600방 샤포를 붙인 면 위에 드릴프레스를 작동시켜 가볍게 연마해줍니다. 이때 드릴프레스 회전 속도는 천공 때와 같은 고속이 아닌 400rpm 정도로 낮춰서 작동시켜줍니다. 또한 드릴프레스에서 배럴트리머를 중간에 빼내어 날 연마가 잘 이루어지는지 확인해줍니다. 600방 샤포로 충분히 연마가 된 다음, 1000방 샤포로 넘어갈 수 있도록 수차례 자리를 이동하여 연마를 해줍니다.

1000방 샤포까지 마무리가 되었다면, 날물 상태를 육안으로 확인하고 테스트 삼아 일반 나무를 트리밍해봅니다. 나무가 뜯기지 않고 단면이 깔끔하게 나온다면 배럴트리머 연마가 잘 이루어진 것입니다.

주요 펜키트별 도면

 # 슬림펜 : 가장 기본적인 펜으로 상하로 펜키트가 분리되어 있습니다. 우든펜 초보자들은 대부분 슬림펜을 입문 과정에서 만들게 됩니다.

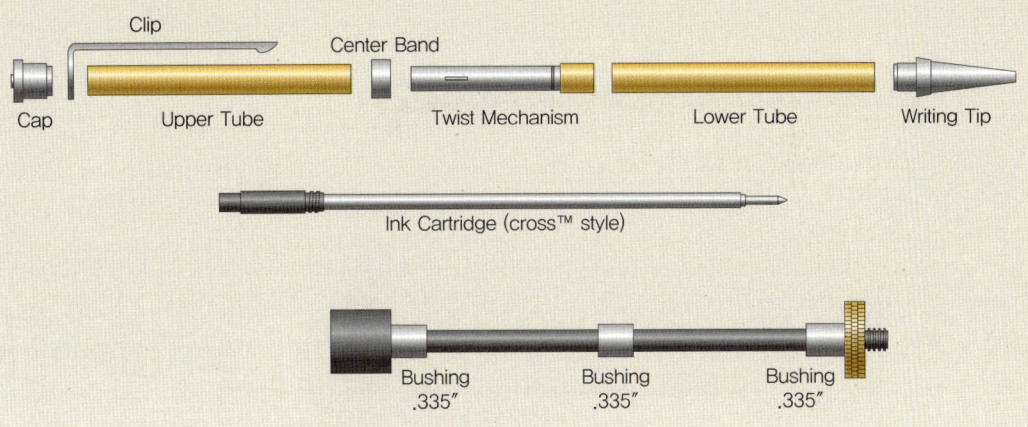

슬림펜 부싱 장착 모습   슬림펜 부품들

스트림라인펜 : 슬림펜과 같이 7mm 드릴비트를 사용하며 우든펜 터너들이 가장 많이 만드는 대중적인 펜키트라고 볼 수 있습니다. 펜키트 가격도 저렴하고 슬림펜보다 두께가 두꺼운 편이라서 부담없이 선물할 수 있습니다. 스트림라인펜의 부싱은 도면에서와 같이 세 종류의 사이즈가 모두 다릅니다. 따라서 사이즈별로 구분하여 장착하도록 유의해야 합니다.

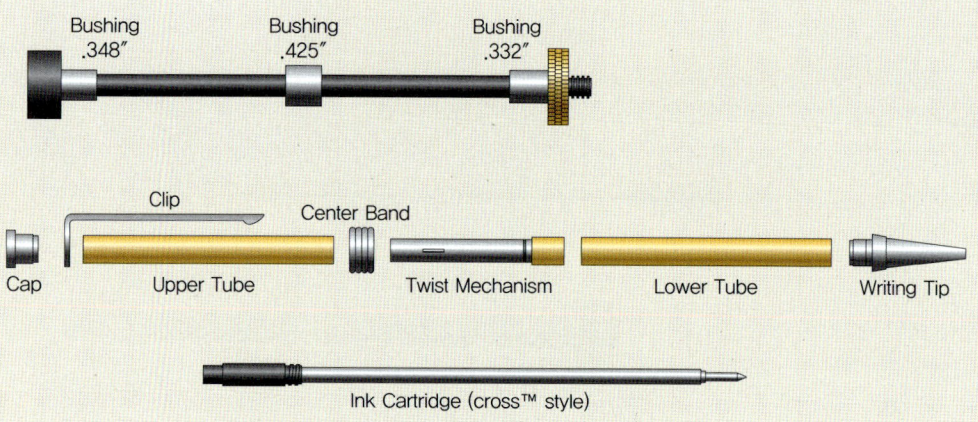

스트림라인펜 부싱 장착 모습

스트림라인펜 부싱 부품들

뷰티펜 : 배럴이 1개로 되어 있는 펜이며, 트리밍할 때 황동튜브를 과도하게 트리밍해서 배럴이 짧아지는 경우 펜을 조립하고 나서 리필 심이 밖으로 튀어나오게 되므로 트리밍에 가장 신경써야 합니다. 뷰티펜처럼 배럴이 한 개로 되어 있는 펜키트는 다른 펜키트에 비해 만드는 속도가 더 빠릅니다.

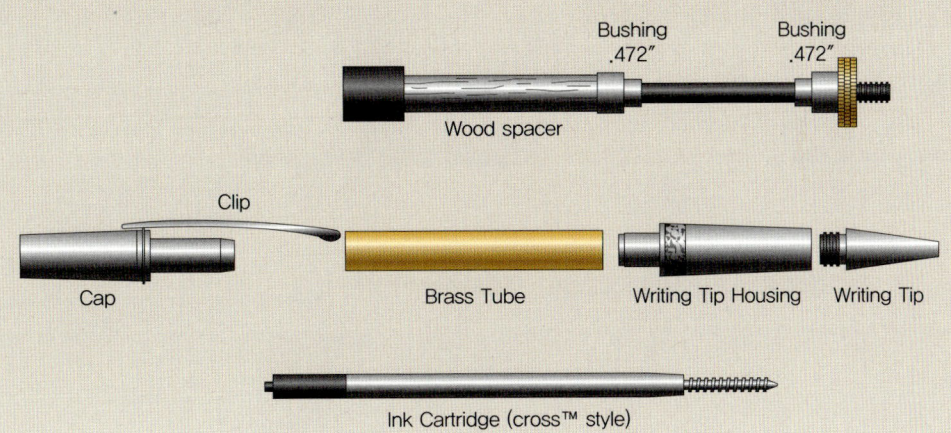

뷰티펜 부싱 장착 모습

뷰티펜 부싱 부품들

바론II펜 : 바론II는 중국산 젠틀맨 펜키트 등과 디자인이 거의 비슷하지만 젠틀맨보다 품질이 뛰어납니다. 수성펜과 만년필 두 가지 모두 만들 수 있으며, 수성펜과 만년필 디자인을 선호하는 분들이 가장 저렴하게 만들 수 있는 펜이라 할 수 있습니다.

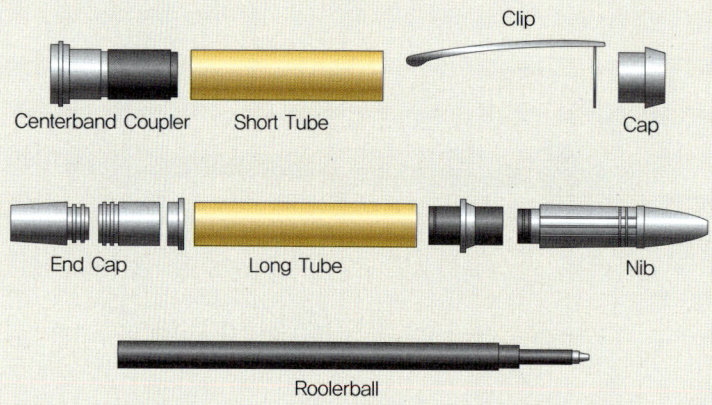

바론II펜 부싱 장착 모습

바론II펜 부싱 부품들

파나쉬(스펜더)펜 : 파나쉬는 클립이 따로 존재하지 않습니다. 책상 위에 올려두고 사용한다 하여 일명 '데스크 펜'이라 부릅니다. 우든펜으로는 가장 독특한 디자인이라 볼 수 있으며 여러 가지 디자인으로 튜닝이 가능합니다.

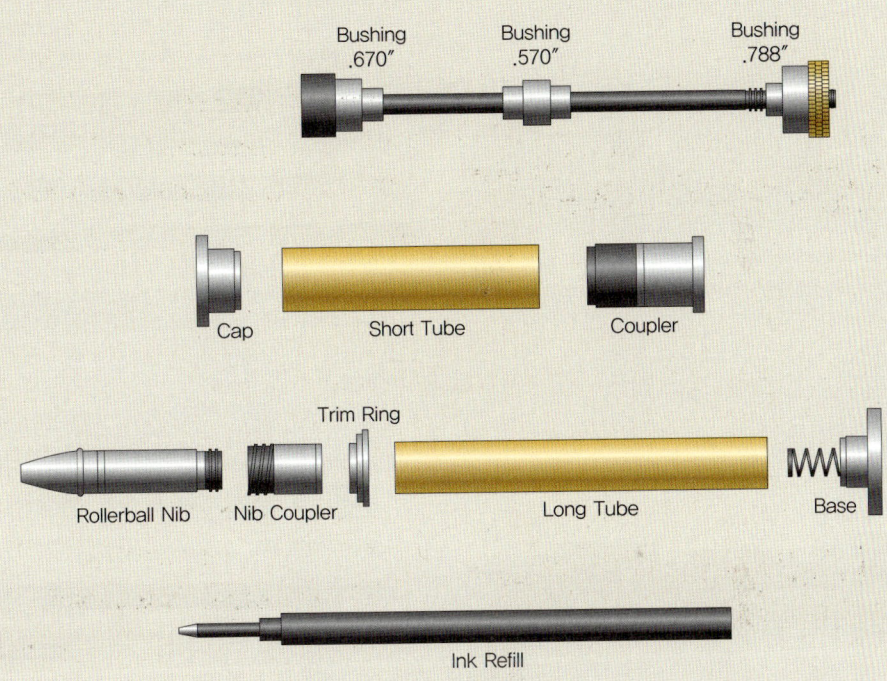

파나쉬펜 부싱 장착 모습

파나쉬펜 부싱 부품들

알렉산더펜 : 다야콤에서 생산한 저렴하고 디자인이 세련된 펜키트입니다. 수성펜 및 만년필 두 가지 모두 만들 수 있고 품질도 좋아서 우리나라에서 인기가 많습니다. 알렉산더펜은 타입에 따라 부싱이 달라지므로 유의해야 합니다.

알렉산더(수)펜 부싱 장착 모습

알렉산더(수)펜 부싱 부품들

수(壽) 타입 : 펜키트 뚜껑 끝 부위에 한자로 '수(壽)'자가 새겨져 있습니다.

알렉산더(만)펜 부싱 장착 모습

알렉산더(만)펜 부싱 부품들

만(卍) 타입 : 펜키트 뚜껑 끝 부위에 한자로 '만(卍)'자가 새겨져 있습니다.

오리엔탈 드래곤즈 엠퍼러펜 : 국내에 시판되는 펜키트 중에서 가장 비싼 제품군에 속하며, 각 부위에 용 조각이 부착되어 있고, 굵기가 상당히 두꺼운 편에 속합니다. 만년필로만 제작이 가능합니다.

오리엔탈 드래곤즈 엠퍼러펜 부싱 장착 모습

오리엔탈 드래곤즈 엠퍼러펜 부싱 부품들

PART 5

우든샤프&우든펜 응용하기

지금까지 우든샤프와 우든펜을 만드는 기본적인 방법에 대해 설명했습니다. 이렇게 정형적인 스타일로 펜을 만들어도 좋지만, 제작 과정이 좀 더 손에 익으면 다양한 기술을 접목시켜 우든샤프나 우든펜을 만들 수 있습니다. 하지만 이러한 응용기술은 (다소 깊은) 노하우를 필요로 합니다. 따라서 기본적인 펜터닝 기술과 방법을 숙지한 후에 도전해보도록 합시다.

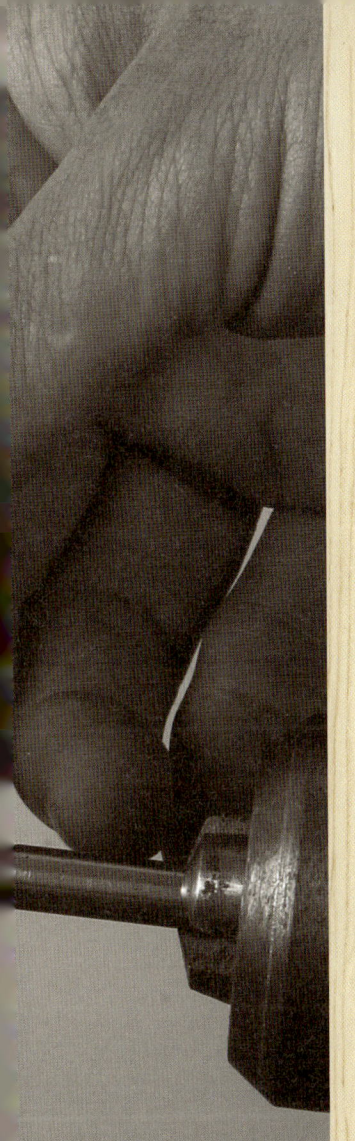

링 샤프 만들기

우든샤프는 우든펜보다 훨씬 다양한 디자인을 시도할 수 있습니다. 우든펜 또한 여러 가지 시도를 해볼 수 있으나 우든샤프는 상대적으로 간단하게 블랭크 및 천공을 준비할 수 있기 때문에 다채롭게 제작이 가능합니다. 지금부터 소개할 링이 달린 샤프는 우든펜에서는 시도하기 어려운 것으로 보다 입체적인 디자인이 돋보입니다.

참고로 링을 만들려면 링 전용 칼을 별도로 제작하여 사용하는 것이 편할 수 있으나 목선반칼로도 충분히 가능하므로 여기에서는 목선반칼을 이용하여 링 샤프를 만들어보도록 하겠습니다.

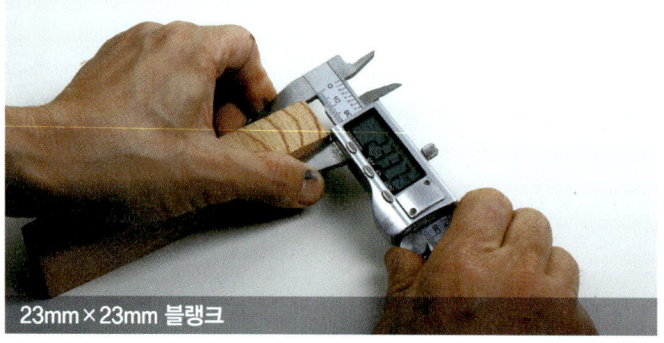

23mm×23mm 블랭크

먼저 일반 블랭크보다 조금 두꺼운 사이즈(가로×세로 = 23×23mm)의 샤프용 블랭크를 준비합니다. 링을 다듬다 보면 사이즈가 작아질 수 있기 때문입니다.

링 전용 칼

봉 가공 상태

블랭크가 준비되었다면, 우든샤프를 만드는 것과 동일한 방법으로 천공을 한 다음 환칼을 이용하여 각을 없앤 둥근 봉 형태로 가공을 해줍니다.

천공은 가급적 블랭크의 정가운데에 이루어지는 것이 좋습니다. 만약 천공이 한쪽 방향으로 틀어졌다면 둥근 봉 형태로 가공을 했을 때 봉의 지름이 가늘어질 수밖에 없습니다.

절단칼 홈파기

봉의 형태가 되었다면 링을 만들 위치를 선정한 다음 절단칼을 이용하여 링의 양쪽 사이드 부분에 맨드럴 방향으로 홈을 파줍니다. 너무 깊이 파고들면 구멍이 뚫릴 수 있으므로 천공된 부분을 감안하여 적당히 파야 합니다.

환칼로 나머지 부분 터닝

평칼이나 창칼로 링 분리

그 다음 환칼을 이용하여 링의 외부를 동그랗게 가공해줍니다. 이어서 창칼 또는 평칼로 링과 블랭크 부분이 분리될 수 있도록 절단해줍니다.

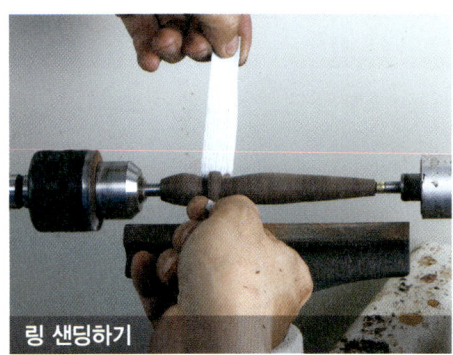
링 샌딩하기

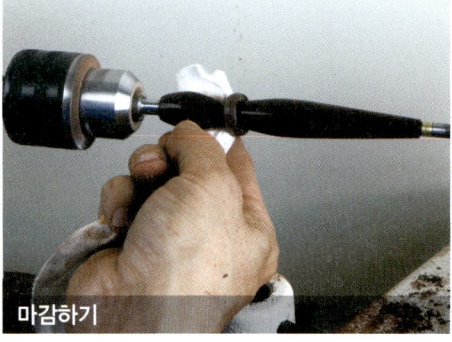
마감하기

이때 링과 블랭크 부분이 완전히 분리되기 전에 링 부분의 샌딩을 시작합니다. 링이 블랭크에서 분리되어 버리면 샌딩하기 쉽지 않기 때문입니다. 링을 샌딩한 후에는 오일 등으로 마감해주도록 합니다.

링을 제외한 나머지 부분도 원하는 디자인으로 터닝 및 샌딩을 해나갑니다. 그런데 링을 제외한 나머지 부분의 굵기를 너무 가늘게 깎아 버리면 링이 밖으로 빠져나갈 수 있으므로 링보다 두꺼운 정도의 두께를 유지하면서 터닝해야 할 것입니다. 이와 같은 방법을 응용하여 여러 개의 링을 동시에 만들 수도 있고, 재미있는 인형 모양 등으로 변형하여 만들 수도 있습니다.

클립 없는 우든펜 만들기

우든샤프뿐만 아니라 우든펜도 여러 모양으로 변형할 수 있습니다. 그중 대표적이면서 이를 위한 도구까지 판매되고 있는 펜이 클립이 없는 우든펜입니다. 클립 없는 펜을 만들려면 엔드펜 맨드럴이라는 부품이 필요합니다. 일반적인 맨드럴이 블랭크를 관통하는 것과 달리 엔드펜 맨드럴은 블랭크를 관통하지 않고 블랭크 안에 삽입되어 회전할 수 있도록 해주는 도구입니다.

일반적으로 심압대 부분이 맨드럴에서 가장 가까운 부분을 잘 압착하여야만 목선반의 모터가 회전할 때 맨드럴도 함께 회전합니다. 엔드펜 맨드럴은 심압대로 맨드럴을 강하게 압착하지 않아도 모터의 회전을 그대로 전달받아 회전할 수 있도록 해줍니다. 그리고 그 원리는 바로 엔드펜 맨드럴의 '핀'에 있습니다.

엔드펜 맨드럴은 한쪽 부분이 반달 모양 형태로 커팅되어 있고, 그 부분에 핀을 장착한 후에 펜키트의 상단 배럴 부분에 블랭크를 끼워넣습니다. 이렇게 되면 배럴과 맨드럴이 따로 노는 것을 핀이 막아주기 때문에 배럴과 맨드럴이 동시 회전하게 됩니다. 엔드펜 맨드럴은 현재 몇 가지 사이즈별로 해외에서 시판되고 있으며, 국내 사이트에서도 일부 사이즈의 엔드펜 맨드럴을 구입할 수 있습니다.

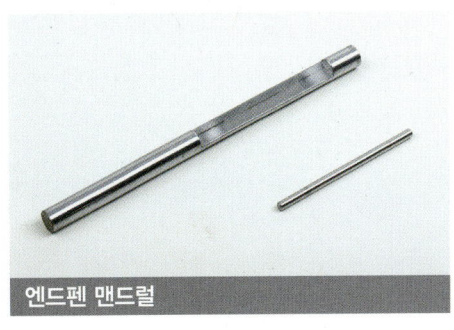

엔드펜 맨드럴

구체적인 제작순서는 다음과 같습니다.

블랭크 재단 모습

블랭크 재단 | 일반적인 블랭크보다 최소 20mm 정도는 긴 블랭크를 사용하여 재단을 합니다. 상단 배럴의 끝 부분을 천공하지 않고 황동관보다 길게 가공해야 함을 유의하세요.

한쪽 방향에서 황동관 깊이만큼 천공

블랭크 천공 및 트리밍 | 하단 배럴은 일반적인 방법과 동일하게 천공을 하고, 상단 배럴은 황동관이 들어갈 수 있는 깊이까지만 천공을 한 후 나머지 부분은 막혀 있도록 합니다. 천공 후 트리밍은 일반적인 방법으로 동일하게 시행합니다.

터닝 | 하단 배럴은 일반적인 방법으로 터닝을 하고 별도로 놓습니다. 그리고 맨드럴 샤프트를 엔드펜 맨드럴로 교체한 후 상단 배럴을 장착합니다. 이때 상단 배럴의 오른쪽 부분은 구멍이 뚫려 있지 않기 때문에 라이브센터가 장착된 심압대를 갖다 대어줍니다.

맨드럴 샤프트를 엔드펜 맨드럴로 교체하기

엔드펜 맨드럴에 상단 배럴 장착하기

심압대로 조여주기

터닝하기

사포로 마감하기

그 다음 터닝을 평소보다 조심스럽게 해나가는데, 버릴 부분을 감안하고 최종으로 사용할 사이즈를 정하여 디자인을 염두에 두고 터닝합니다. 심압대로 조인 부분과 분리되기 전에 샌딩 및 마감을 해주는 것이 좋습니다.

길이 절단 후 오일로 마감하기

조립 | 마감 후 심압대로 조인 부분을 완벽하게 절단한 다음 오일로 마감을 합니다. 이어서 클립을 빼고 도면에 따라 조립을 합니다.

우든펜 터닝 시
저지르기 쉬운 실수 총집합

우든펜 터닝에 관한 방법을 설명하면서 이미 설명한 부분도 있지만, 다시 한 번 복습 차원에서, 그리고 마땅한 지면이 없어서 설명하지 못했던 부분을 짚고 넘어가겠습니다.

"다 들어가야 하는데…."

블랭크에 황동관을 삽입할 때 순간접착제를 사용하는 경우 순간접착제가 빨리 굳어버릴까 봐 마음이 급해집니다. 이때 주의할 점! 천공하자마자 바로 황동관을 삽입하지 않거나 드릴비트 규격을 잘 확인하지 못하고 잘못된 사이즈를 선택하면 황동관을 삽입할 때 황동관이 중간에 멈춰버리는 경우가 있습니다. 이러한 오류를 예방하려면 천공된 구멍에 접착제를 바르기 전에 반드시 스크래치 낸 황동관을 삽입해보고, 빡빡하지는 않은지 확인해보는 것이 좋습니다.

"난 다이어트가 필요없는데…"

우든샤프를 깎는 연습을 하는 분들은 칼 사용에 익숙지 않아서 잘 뜯기고 홈이 패이고 그러다가 실수한 부분을 커버하기 위해 계속 칼을 덧사용하게 됩니다. 또 샤프를 마무리하는 단계에서 사포로 샌딩할 때 나무가 깎이는 점을 감안하지 않고 하다 보면 우든샤프가 지나치게 홀쭉해지는 경향이 있습니다. 그 결과 제도샤프의 구금(팁 부분)이 우든샤프와 결합하는 부분보다 두껍게 제작됩니다.

이렇게 가늘게 만든 샤프는 결과적으로 너무 약해서 충격이나 기타 목재에 영향을 미치는 여러 요인에 의해 샤프가 잘 작동하지 않거나 망가질 확률이 높습니다. 따라서 처음 우든샤프를 깎을 때에는 지나치게 가늘게 깎기보다 다소 두껍게 만든다는 생각으로 터닝에 임하는 것이 바람직합니다.

우든샤프뿐만 아니라 우든펜을 만들 때에도 샌딩을 과하게 한 나머지 펜 부품보다 나무 부분이 더 가늘어지는 경우가 발생하기도 하며, 부싱을 지나치게 오래 사용하다가 나무가 가늘어지는 오류가 발생할 수 있습니다. 이런 경우를 대비하여 종종 부싱의 사이즈를 측정해보고 지나치게 편차가 난다면 새 부싱을 준비하여 사용하는 것이 좋습니다.

"웬걸! 한 시간 동안 열심히 터닝했는데, 펜이 펜이 아니네…"

우든펜을 만들다 보면 열심히 준비하고 터닝하고 마감까지 한 후 마지막 단계인 조립 과정에서 의도치 않은 실수를 하곤 합니다. "아뿔싸!" 탄식이 나오지만 이미 때는 늦었습니다. 펜 프레스로 조립을 해버린 다음에는 펜을 빼낼 도리가 없습니다. 아무리 당겨도 꿈쩍도 안 할 것입니다.

물론 펜 분해도구 세트를 이용하여 분해를 할 수는 있겠으나 그러다 보면 어쩔 수 없이 펜키트 자체에 타격을 주게 되고 열심히 마감한 블랭크도 다시 마감을 해야 하는 아주 번거로운 상황이 되어버릴 수 있습니다.

따라서 펜을 조립하는 단계에서는 흥분하지 말고 차분히 조립에 임하여야 하며, 이를 위해 펜을 터닝하자마자 조립하기보다는 시간을 두고 기다리면서 최종 조립하는 습관을 들이는 것이 좋습니다. 또한 큰 실수가 아니라면 굳이 펜을 분해하지 말고 그대로 사용하는 것이 더 나을 수 있습니다. 가령 트위스트 메커니즘을 깊게 삽입한 나머지 메커니즘을 최대한 후퇴시켜도 펜심이 밖으로 조금 나왔다면 이를 분해하기보다는 그냥 사용하는 것이 좋습니다.

"유러피안 필리그리를 깎는데, 알고 보니 유러피안 부싱!"

일반적으로 펜키트는 각자 고유의 부싱을 가지고 있습니다. '알렉산더 펜키트'의 수(壽)자 문양과 만(卍)자 문양 또한 서로 다른 부싱을 사용합니다. 모양은 전혀 다르지만 '유러피안 필리그리'와 '유러피안' 펜은 앞 이름이 비슷해서 부싱을 혼동해서 사용하는 경우가 있는데, 이러한 오류를 방지하려면 도면을 보면서 부싱의 사이즈를 재가며 터닝 준비를 하는 습관을 들여야 합니다.

하지만 걱정할 필요는 없습니다. 우든펜을 만들다 보면 자신이 선호하는 펜키트가 대략 정해지기 마련이라 이러한 실수는 점점 줄어들게 됩니다. 다만 새로운 펜키트에 도전하거나 자주 만들지 않는 펜키트를 오랜만에 만들게 되면 실수를 또 다시 범할 수 있으니 유의하여야 할 것입니다.

"온라인 커뮤니티(카페)에서 하는 공동구매 무조건 참여하기"

우든펜에 관한 따끈따끈한 정보, 훌륭한 작품들, 신세계가 펼쳐진 온라인 카페의 글들…. 가끔씩 올라오는 공동구매 글에 댓글이 줄줄 달리기 시작하면 어느 순간 나도 모르게 빠져들게 됩니다.

지금 안 사면 영영 못 사거나 이 가격보다 더 싸게 살 수 없을 거라는 불안감에 모든 공동구매에 참여하여 필요 이상의 물건을 구입해놓고 창고나 서랍에 물건을 쳐박아 놓는 경우도 종종 있게 됩니다.

이미 검증된 제품이고 잘 사용하는 경우라면 그나마 다행이지만, 잘 검증되지도 않은 신제품이거나 그다지 인기가 있는 물건이 아니라면 필요 없는 지출이 발생하는 것입니다. 따라서 공동구매와 같은 일시적인 기회를 통한 물건을 구매할 때는 본인에게 꼭 필요한 물건인지 다시 한 번 생각해보고 구입하기 바랍니다.

"예전엔 보이지 않던 나무가 보이기 시작한다…."

일반 목공을 접하고 우든펜에 입문하든, 바로 우든펜에 입문하든 공통적인 점이 있습니다. 바로 나무에 대한 시각이 변한다는 것인데요. 살아있는 나무를 보면서도 "저 나무 안의 무늬는 어떤 무늬일까?", "블랭크로 쪼개면 몇 개나 나올까?" 등등 상상의 나래를 펼치기도 하고, 길가에 굴러다니는 나뭇가지 중에서 블랭크 이상의 사이즈가 되는 경우에는 슬그머니 손이 가기도 합니다. 고기집의 참나무 장작이나 곰팡이가 피기 시작하는 공원의 통나무에도, 심지어 공사판의 각목에도 눈길이 갑니다.

가구를 만드는 것과 달리 '세상에서 단 하나뿐인 펜'을 만드는 작업자라면 이러한 생각이나 상상이 자연스러운 것입니다. 그러나 상상의 나래를 넘어 이를 실제로 행하여 펜을 만들다 보면 좋은 결과를 얻기가 무척 힘이 듭니다. 마르지 않는 가지목을 블랭크로 만드는 경우도 있는데, 나무가 마르는 과정에서 뒤틀림과 쪼개짐 현상이 발생하기 쉬워 황동관 삽입조차 힘이 들 수 있습니다.

검증되고 잘 건조된 나무로 블랭크를 만들거나 구입하는 것이 현명할 것이나 만약 주워온 나무로 블랭크를 만들게 된다면 수분측정계를 사용하여 수분함유율이 12% 이내의 수분함유인지 체크하고, 그렇지 않는 경우 건조되기를 기다렸다가 작업을 하는 것이 좋습니다.

"배고픈 소크라테스보다 배부른 환칼이 낫다(?)"

우든펜 초보자에게 가장 어려운 작업 과정 중 하나가 '선반칼 연마'입니다. 그중에서도 환칼은 탁상그라인더나 숫돌로 연마 시 잘못하다가는 칼등 방면이 둥글게 배가 나온 형태가 되기 쉽습니다. 이런 경우를 흔히 '배 나온 칼'이라고 하는데, 환칼이 배가 나오게 되면 터닝이 잘 안될 뿐만 아니라, 칼을 사용하는 자세마저도 뒤틀리게 됩니다.

그런데 보통 우든펜을 이야기하는 온라인 카페에서는 펜 결과물이나 선반 등 기타 도구에 대해서는 많은 논의가 오가지만 목선반칼 연마에 대해서는 논의도 자주 없을 뿐더러 물어보아도 글로 쉽게 설명하기가 어려워 답변이 드문 편입니다. 따라서 목선반칼 연마를 시연하는 행사에 참여하거나, 고수들의 날 연마 동영상 및 글을 잘 읽고 스스로 열심히 연구할 수밖에 없습니다. 또한 칼을 연마하는 각종 지그가 다양하게 판매되고 있으므로 이러한 지그의 도움을 받는 것도 좋을 것입니다.

우든펜의 화려함을 보여준
집성펜

요즘 우든펜 관련 카페에서 뜨거운 인기를 모으고 있는 한 분과 함께 하려고 합니다. 어떤 사람들은 이분을 '사람이 아니다'라고 하고 또 어떤 사람은 '귀신 같다'고도 하는데요. (응? 같은 말인가요?) 소개해드릴 분은 국내 우든펜 동호회에서 가장 멋진 집성펜*을 만들고 계시는 처용님입니다.

처용님은 우든펜 분야 중에서도 각종 집성펜을 만들고 계십니다. 우든펜 관련 카페에 올라오는 처용님의 작품은 많은 사람을 감탄하게 만들고, 또한 집성펜에 도전하게끔 의욕을 북돋우기도 하지요. 물론 이전에도 집성펜을 만드는 분들이 있었고, 현재도 풍운아님 등 많은 분들이 멋진 집성펜을 만들고 있지만 이렇게 꾸준히 다양한 기법으로 집성펜을 만들어 올린 분은 처용님이 그 시작이라 할 수 있습니다.
집성펜과 관련하여 처용님께 몇 가지 질문을 드려보았습니다.

집성 및 집성펜 나무의 원목 상태 그대로를 사용하는 것이 아니고 한 가지 또는 여러 가지 수종의 나무를 자르고 접착제로 무늬를 맞추어 새로운 형태의 무늬를 만들어내는 방법을 말합니다.

집성펜에 빠지게 된 계기가 궁금합니다.

집성펜을 만들게 된 뚜렷한 동기는 없습니다. 다만 일반 펜이 가지고 있는 자연미도 좋지만 작가가 구상한 패턴의 의도된 모양이나 무늬들에 대한 생각이 깊어져서 집성을 집중적으로 하게 되었습니다.

집성에서 가장 중요한 부분은 어떤 것인가요?

제작 방법 면에서는 정밀하게 자르고 틈 없이 촘촘하게 세그먼트를 하는 것이 중요합니다. 또한 천공이 무엇보다 중요하고 순접도 필수사항이라 생각합니다.

집성에 필요한 장비나 도구들은 특별한 것을 사용하나요?

집성 후 요구되는 무늬에 따라서 지그가 필요할 때가 있습니다 가령 체크 무늬는 같은 두께로 얇게 잘라 만드는데, 반드시 썰매 지그를 사용해야 일정한 크기를 얻을 수 있습니다. 빗각으로 자를 때도 간단하게 지그를 만들어서 사용해야 비교적 원하는 크기를 정확하게 자를 수 있습니다

일반 우든펜과 집성펜의 제작상 차이점에 대해서 말씀해주세요.

일반 우든펜과 비교해서 집성펜은 만드는 데 시간이 많이 걸립니다. 또한 얇은 판재를 구입해서 쓰면 별 문제가 안 되지만 저 같은 경우 필요한 재료들을 직접 톱으로 켜기 때문에 안전에도 만반의 주의를 기울여야 하지요. 재료를 구입해서 제작할 때는 미니어처용 작은 테이블쏘를 사용해도 되지만 제작에 필요한 것을 직접 준비할 때는 반드시 큰 테이블쏘를 사용해야 합니다.

지금까지 만든 집성펜 중에 가장 기억에 남는 펜은 무엇인가요?

지금까지 만든 것 중에 기억에 남는 것은 '까치밥'입니다. 우리네 정서와 같은 서정적인 그림이 맘에 듭니다. 그레듀에이트 만년필에 넣은 까치밥을 그중 좋아한답니다. (사실 필자도 이 펜의 여백미에 꽂혔습

니다. 추운 겨울 감나무에 남겨진 하나의 감. 옛 분들은 이걸 까치밥이라 불렀지요. 거기에 담긴 의미와 동양적인 여백미가 매력적이라 꼭 만들어보고 싶습니다.)

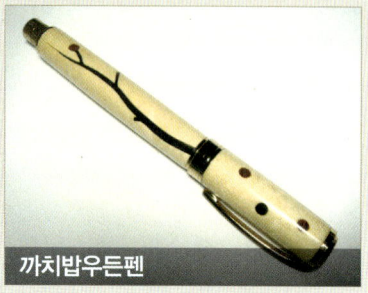
까치밥우든펜

앞으로 만들고 싶은 집성펜이 있나요?
평소에도 어떤 작품을 만들어보겠다는 생각은 그다지 없습니다. 어떤 느낌이 오면 그때마다 한 번씩 시도를 해보곤 합니다.

자, 이제부터는 처용님께 부탁드린 집성 우든펜 만드는 방법을 소개합니다. 초급 단계는 건너 뛰고 조금은 복잡한, 그러나 누구나 시도해 볼 수 있는 것을 부탁드렸는데, 안전에 각별한 주의를 해야 합니다. 테이블쏘 등을 잘 다루지 못하는 분들은 나중에 아주 나중에 도전하기를 권합니다.

준비물
- 두께 4mm, 넓이 20mm, 길이 30cm 정도의 검은색 판재 2장
- 두께 0.5mm, 넓이 20mm, 길이 30cm 정도의 흰색 얇은 판재 2장
- 가로 세로 각각 4mm, 길이 15cm 정도로 빨강 노랑 검정 흰색 각재 1개씩

1. 4mm 판재를 15mm 길이로 자른다.
2. 0.5mm 얇은 판재는 15mm, 4mm 각재 두께를 더한 19mm 길이 정도로 자른다. (얇은 판재는 꼭 19mm가 아니어도 상관이 없고 비슷하게 자르면 좋겠다.)
3. 4mm 각재는 20mm 길이로 자른다.
4. 격자무늬를 구성하는 1개 면에는 4mm 판재 2장, 0.5mm 판재 2장, 그리고 4mm 각재 1개 등 총 5개로 구성이 된다.

5. 다섯 개로 구성된 조각을 격자무늬로 집성한다. (접합 시 90도로 된 모서리진 부분을 지그로 사용하면 편리하게 작업할 수 있다.) 첫 번째 격자무늬를 구성한 뒤의 모습을 보면 얇은 판재가 붙어 있는 것이 보인다.

6. 2개 면을 집성한 격자무늬와 3개 면을 집성한 격자무늬 상태다.

7. 4개 면을 집성한 상태와 완성된 블랭크 상태다. 집성 시 중간에 들어가는 각재는 색깔 순서별로 반복해서 집성을 한다.

8. 펜키트의 길이에 따라 필요한 만큼의 길이로 자른다.

9. 중앙에 정확하게 천공하면 앞뒷면 및 옆면이 서로 대칭이 되는 무늬를 얻을 수 있다. 천공 후 동관을 삽입하고 트리밍 후에 선반에 장착하여 목선반을 돌린다.

10. 목선반에 장착하고 어느 정도 깎은 모습이다.

11. 대부분의 세그먼트가 여러 조각이 집성된 것이라 견고성을 위해서라도 순접(순간접착제)은 필수다. 순접 1회 도포 후의 모습이다.

12. 완성 후 펜키트를 조립한 그림이다. 옆면을 보면 얇은 판재가 나선 모양으로 나온 것을 볼 수 있다.

나무의 무늬와 색감을 살린
우든샤프 컬렉션

나무의 아름다움에 빠져 우든펜을 깎는 많은 사람들. 그들이 만든 수많은 우든펜은 어디로 가는 걸까요? 대부분은 주변 사람들의 주머니 속으로, 어떤 이의 필통 속으로, 혹은 자신만의 보관함에 보관되어 있을 것입니다.

저 또한 그동안 깎은 나무들이 기억에 남지 않을 정도로 많습니다. 몇몇 펜들은 기억하고 있지만 새로운 나무를 찾아 깎고 있는 모습은 여느 우든펜 제작자와 다를 것이 없습니다. 그런데 이런 우든펜계에 조금 특별한 분이 계십니다. 많은 분에게 펜 블랭크를 나눔하고 있고, 또 반대로 많은 분들이 새로운 나무가 생기면 이분께 보내드리고 있습니다. 왜냐하면 이분이 시작한 하나의 프로젝트, 바로 '모든 종류의 블랭크로 샤프 깎기' 때문입니다.

네이버 카페 닉네임 '천연무늬목' 님이 그 주인공인데, 이번 시간에는 눈이 호강하는 시간을 가져보겠습니다. 어느 보석 컬렉션 부럽지 않은 천연무늬목님의 샤프컬렉션입니다. 나무의 무늬와 색상은 같은 종류라 해도 매우 다르지만 이 샤프들을 보면 대략적인 나무의 무늬와 색감을 느낄 수 있을 것입니다.

1	박달나무	9	다릅나무
2	사오기나무(벚)	10	관솔
3	돌배나무	11	구슬잣밤나무
4	소태나무	12	조록나무
5	대추나무	13	산뽕나무
6	살구나무	14	밤나무 벌
7	아까시	15	밤나무
8	회화나무		

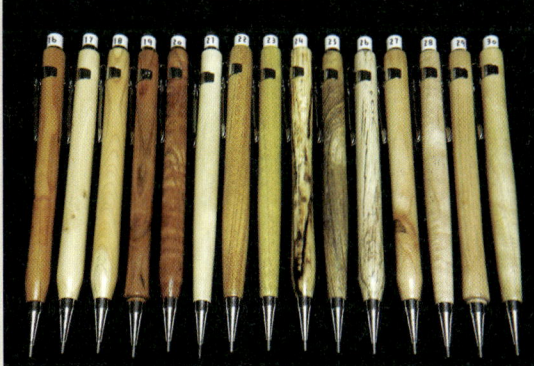

16	주목	24	참나무
17	향나무 1	25	팽나무
18	노간주나무	26	먹감나무
19	왕피나무	27	말채나무
20	참죽	28	오리나무
21	탱자나무	29	엄나무
22	느티나무	30	새우나무
23	옻나무		

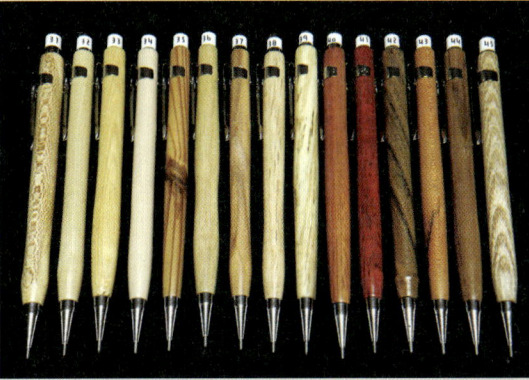

31	플라타너스	39	자작나무
32	녹나무	40	랭가스
33	느릅나무	41	파덕
34	두충나무	42	에노끼
35	고재소나무	43	체리
36	배롱나무	44	티크
37	자두나무	45	러시아애쉬
38	굴피나무		

46 매플
47 샤벨
48 다오
49 부빙가
50 흑단(음핑고)
51 월넛(호두나무)
52 웬지
53 모아비
54 제브라
55 비치
56 흑단
57 단풍 스팔티드
58 파오로사
59 유창목
60 실크오크 1

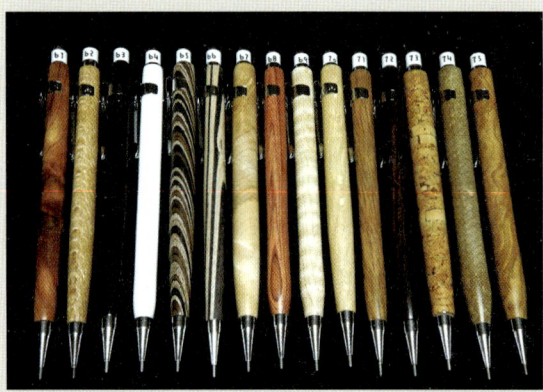

61 향나무 2
62 실크오크 2
63 대리석 흑색
64 대리석 백색
65 집성 1
66 집성 2
67 메이플 벌
68 집성 3
69 시카모아
70 화이트오크
71 레드오크
72 인도로즈
73 코르크
74 합성목재
75 올리브

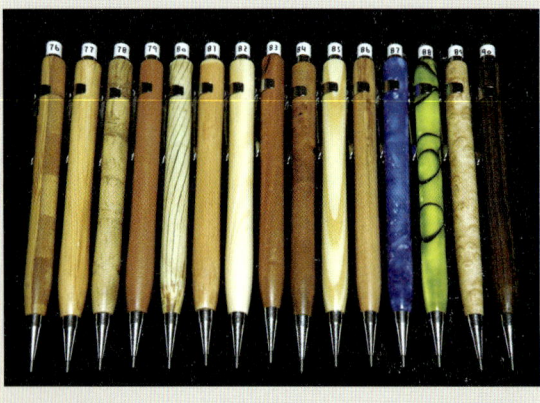

76 집성 대나무
77 금강송
78 대나무뿌리
79 배나무
80 어름
81 다래
82 비자
83 벽조목
84 구스(녹나무벌)
85 안면송
86 고약박달
87 아크릴 1
88 아크릴 2
89 버드아이매플
90 탄화목

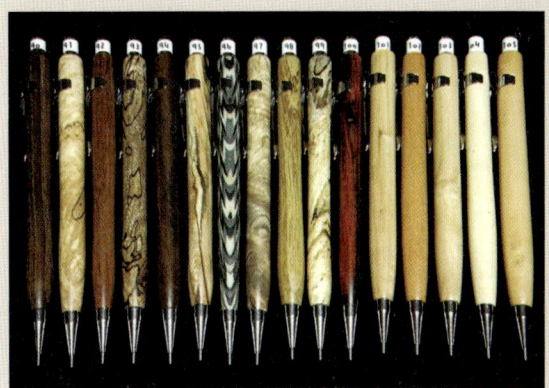

91 추자나무	99 호두스팔티드
92 이페	100 친차
93 부빙가 변재	101 싸리
94 캠파스	102 큐링
95 플라타너스곰팡이	103 만리향
96 집성 4	104 때죽
97 애쉬 벌	105 사과
98 아프로모시아	

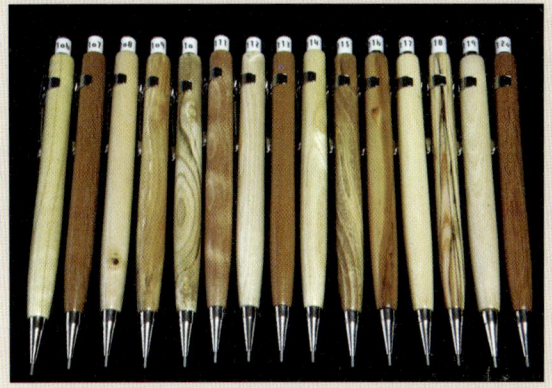

106 산초	114 자귀
107 방킬라이	115 등나무
108 생강	116 매실
109 노각	117 화살
110 박태기	118 공학목재
111 퀼티드매플	119 쪽동백
112 물푸레	120 무쿠룽가
113 빌링가	

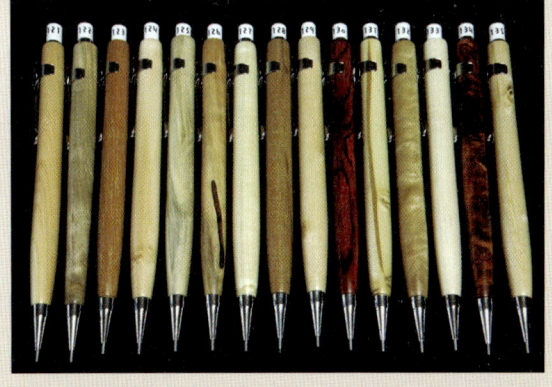

121 편백	129 물박달
122 고로쇠	130 코코블로
123 꾸메아	131 석류
124 버드나무	132 유카립투스
125 층층	133 은사시
126 산사	134 가링벌
127 초피	135 이팝
128 멀바우	

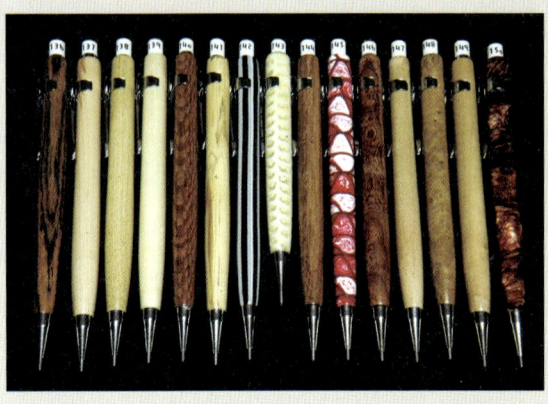

136 보고태	144 럭스틱
137 진달래	145 아크릴 4
138 벽오동	146 느티용목
139 포플러	147 비목
140 레오파드	148 티크 벌
141 토종 보리수	149 산복숭아
142 아크릴 3	150 아크릴 5
143 옥수수	

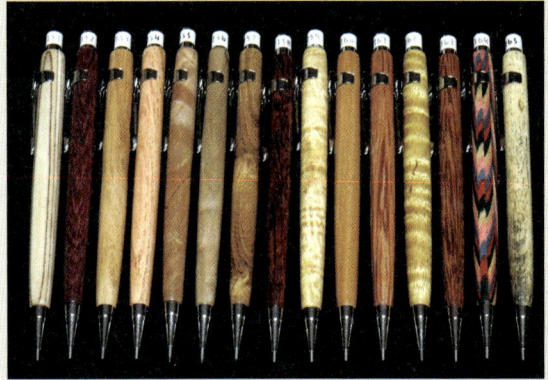

151 자작합판	159 단풍 뿌리
152 퍼플하트	160 마닐까라
153 포도	161 탈리
154 주엽	162 이로코
155 오리변종	163 안젤링
156 물참	164 집성 5
157 제피	165 아이언우드
158 가링	

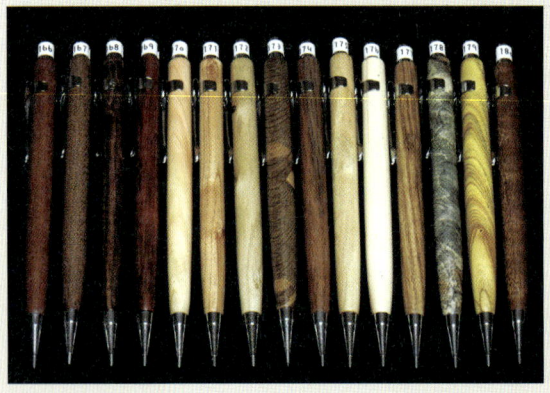

166 마호가니	174 홍가시낭고재
167 카시카시	175 후박
168 그라나딜로	176 산딸나무
169 스네이크우드	177 벨리
170 측백	178 벅아이 벌
171 노나무	179 안개나무
172 서어나무	180 샤벨 벌
173 가시낭	

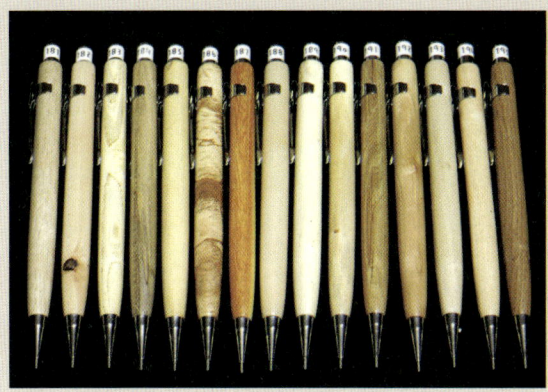

181	헛개	189	소사
182	파라킨다	190	칠엽수
183	개암나무	191	떡갈나무
184	적목련	192	꽃사과
185	닥나무	193	산백합
186	참나무 벌	194	구골
187	구지뽕	195	능소화
188	감태나무		

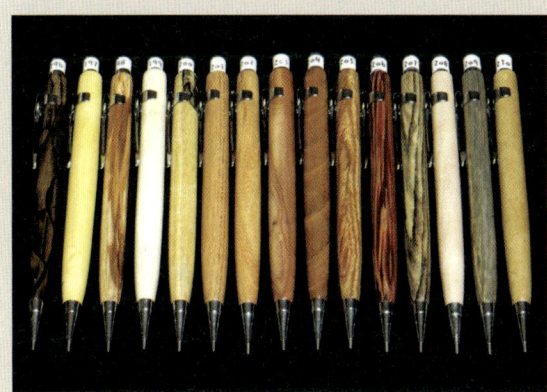

196	월넛 껍질	204	굴무기
197	회양목	205	홍목
198	앵두	206	쿠마루
199	무궁화	207	꽃개오동
200	고욤나무	208	페칸
201	구렛나무	209	참나무청
202	시무나무	210	MDF
203	라일락		

맨드럴 보호대를
만들게 된 이유

현재 펜을 깎고 있는 분 중에 맨드럴 보호대를 사용하지 않는 분은 아주 고수이거나 아니면 완전 초보라서 맨드럴 보호대가 무엇인지 모르는 분이 아닐까요? 그만큼 우든펜을 깎는 분에게는 필수품으로 인식되고 있는 것이 맨드럴 보호대입니다. 그렇다면 맨드럴 보호대는 왜 만들게 되었을까요? 그 이유는 우든샤프와 떼려야 뗄 수 없는 관련이 있습니다.

국내 최초로 우든샤프를 만든 사람은 누구일까요? 기록상(인터넷상)으로 남아 있는 최초의 우든샤프(이제부터 우든샤프라 칭하는 것은 펜탈 205를 베이스로 우리나라에서 제도샤프라는 이름으로 만들어진 샤프의 메카니즘을 이용한 샤프를 지칭하겠습니다. 펜키트 형태의 슬림샤프라는 명칭으로 제품화된 것도 있지만 이건 좀 다른 제품입니다.) 제작자는 이창순 님이십니다.

이창순 님에게 어떻게 우든샤프를 만들게 되었냐고 물었더니 의외의 말씀을 하십니다. 저는 그때까지만 해도 우든샤프는 우리나라 사람이 만들었고 우리나라 사람들만 깎고 있다고 생각했습니다. 하지만 이창순 님은 지금은 판매되지 않지만 예전엔 이 샤프키트를 외국 펜키트 사이트에서 구할 수 있었다고 합니다. 주문해서 받아보니 펜탈 205 샤프가 하나와 간단한 설명서가 들어 있었다는데, 그것으로 만든 샤프가 2007년 6월 16일 '우든펜 만들기 카페'에 올라왔습니다.

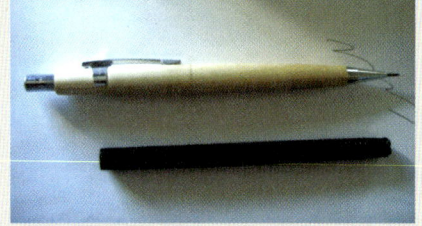

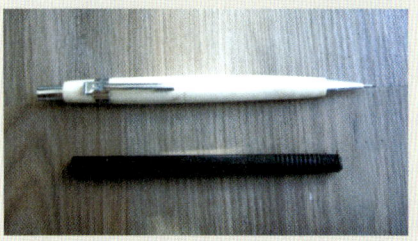

그런데 사진을 자세히 보면 중간에 선이 하나 보입니다. 요즘엔 모양을 내기 위해 중간에 선을 넣거나 큐빅링 등을 넣지만 그 당시에는 일반 펜키트의 두 배가 넘는 천공 길이가 문제가 되어(그 당시엔 롱드릴이 많이 알려지지 않았습니다. 실제로 지금도 철물점에서 쉽게 구할 수 있는 물건은 아닙니다.) 절반씩 천공을 하고 두 개를 붙여서 다시 깎는 형태로 만들다 보니 이런 형태가 되었다고 합니다.

하지만 이는 초보자들이 쉽게 접근할 수 있는 형태가 아니다 보니 인터넷 상에 올라온 샤프 이미지는 손으로 꼽을 정도의 상황이었습니다. 그러다 2009년 5월 '우든펜 만들기' 카페에서 바이런이란 아이디를 쓰는 분이 샤프용 3단 맨드럴을 구상하게 됩니다. 많은 분들(지금 인원과 비교하면 아주 소수였지만)의 환호 속에 샤프용 맨드럴의 공동구매가 시작되었고 2단 드릴도 만들어지면서 서서히 대중화의 길을 걷기 시작합니다. 하지만 이 맨드럴에는 치명적인 단점이 하나 있습니다.

일반적인 우든펜 맨드럴은 6.2~6.3mm 정도이고 처음과 끝이 같은 두께를 가진 구조로, 한쪽에 나사산을 깎아 황동너트를 끼울 수 있는 형태를 가지고 있습니다. 이 형태에선 어지간히 힘을 주지 않는 한 쉽게 휘지 않기에 맨드럴의 휘어짐으로 인한 문제는 크지 않습니다. 하지만 샤프는 두께가 6.8mm-6mm-4mm의 3단 구조로 되어 있습니다.

이 구조에선 가장 얇은 4mm 부분에 일정 이상의 힘이 가해질 경우 쉽게 휠 수밖에 없습니다. 특히 황동너트를 넣기 위한 나사산이 있는 부분은 실제로 더 얇은 부분이 되고 이곳에 힘이 집중되면서 쉽게 휘어질 수밖에 없습니다. 바이런 님의 공동제작 이후, 쏘비트 사에서 제품화된 3단 맨드럴이 나오게 되었지만 부담스러운 가격이라 많은 분들이 알음알음 주변 선반집에 10개 단위로 공제를 하게 되었지요. 하지만 재질이 좋지 않아 샤프를 20~30자루 깎고 나면 맨드럴을 교환해야 하는 그런 상황이 지속되었습니다. 그러던 2012년 6월의 어느 날…

급하게 샤프를 몇 자루 깎을 일이 생겼습니다. 급해서 그랬는지, 그날의 컨디션이 좋지 않았던 건지 가지고 있던 샤프용 맨드럴이 다 휘어져 버렸습니다. 맨드럴이 휘어지면 편심이 생겨 모양도 문제지만 기능도 문제가 됩니다. 당시만 해도 좀 좋은 맨드럴은 (그 당시 쏘비트 사에서 팔던 맨드럴은 꽤 비싼 가격이었습니다. 물론 품질은 가장 좋았지요.) 휘어지면 너무 큰 손실이었기에 5분의 1 가격밖에 안 하던 맨드럴을 선반집에서 10개 단위로 주문해서 깎아서 쓰고 휘어지면 버리는 식으로 철저하게 소모품 개념으로 접근할 수밖에 없었습니다. 그런데 세 개가 동시에 휘어버렸으니 금전적으로도 시간적으로도 커다란 손실이었습니다.

필요는 발명의 어머니라고 했던가요? 그때부터 어떻게 하면 맨드럴이 휘지 않게 할 수 있을까를 궁리했습니다. 심압대 부분에 꽂는 라이브센터 대신 라이브센터처럼 회전하는 드릴척을 장착하고 누르지 않고 양쪽에서 잡아당기는 방법도 생각했고 당시 외국 사이트에서 40달러대에 팔리던 제품을 운송비를 포함하여 구입하는 것도 생각했지만 비용과 번거로움에 포기했습니다.

가장 경제적인 비용으로 가장 쉽게 만들 수 있는 구조를 생각하다가 인터넷 검색 중 전혀 색다른 방법으로 편심을 잡으려는 게시물을 보게 되었습니다. 그 글을 보는 순간 '아, 이걸 변형해서 만들면 뭔가 될 것 같다'라는 생각이 떠올랐습니다. 맨드럴 보호대에 대한 기본 구상이 떠오른 순간입니다.

머릿속에 떠오른 생각을 선반집을 찾아다니며 깎아 달라고 하니 꽤 많은 비용을 요구했습니다. 나중에 알았지만 몇 몇 집은 제가 원하는 품질을 만들 수도 없던 집이었습니다. 일단 시제품을 만들어야 했기에 주변에 아는 분을 수소문해서 NC선반 일을 하시는 분께 부탁해 샘플을 만들었고 테스트를 했습니다. 처음엔 샤프용만 만들었는데 펜용도

똑같은 형태에 구멍만 키우면 되는 일이었기에 펜용도 만들기로 하였습니다. 여러 가지 형태를 고민하다가 가장 낮은 가격에 만들 수 있는 형태로 결정하여 공동구매를 하게 된 것이 얼음표 맨드럴 보호대의 탄생입니다.

맨드럴 보호대란 명칭도 다른 여러 가지 후보가 있지만 저는 처음부터 '맨드럴 보호대'가 가장 알맞은 이름이라 생각하고 이 이름으로 정했습니다. 그 후 어느 날 인터넷 검
색을 하다 머리에 한 대 맞은 듯한 느낌을 받을 일이 생겼습니다. 외국 제품 중 형태는 약간 다르지만 제가 만든 것과 비슷한 것이 판매되고 있었고 제품명 또한 '맨드럴 세이버'였던 것입니다. 멀리 떨어져 다른 과정을 거쳐 만들어졌지만 역시 사람의 생각은 비슷하구나 하는 것을 느끼게 되었고 이후론 '얼음표 맨드럴 보호대'란 이름으로 알려지게 되었습니다.

처음에 공동구매를 할 때는 약간의 여분을 만들어두었기 때문에 이 일을 반복해서 할 거라고는 생각하지 않았습니다. 하지만 여분이 다 떨어진 후에도 찾는 분들이 많아서 전체적인 개념은 살리면서 약간씩 보완하여 지금의 모습으로 맨드럴 보호대가 정착되었습니다. 맨드럴이 완벽하게 휘지 않는다는 장담은 할 수 없지만 이제는 일반적인 작업에서는 거의 휘지 않기에 한두 개의 맨드럴로도 꽤 많은 우든샤프를 만들 수 있습니다. 또한 맨드럴 보호대를 사용함으로써 또 하나 얻을 수 있는 이점은 맨드럴 보호대 쪽에서 발생하는 편심이 이전의 맨드럴을 사용했을 때와는 비교도 안 되게 줄어든다는 점입니다.

우든펜 작업의 필수품이 되어 버린 맨드럴 보호대. 많은 분들이 사용하면서 정말 좋다는 이야기를 해주었기에 요즘은 또 다른 불편함을 해결하는 방법에 대해 고민을 하고 있습니다.

우든펜 바이블
혼자서 쉽게 만드는 우든펜·우든샤프 가이드

초판 1쇄 발행 2015년 6월 20일

지은이 한국우든펜연구회(정석진, 신병수 외)
펴낸이 윤주용

펴낸곳 초록비책공방
출판등록 2013년 4월 25일 제2013-000130
주소 서울시 마포구 월드컵북로 400 문화콘텐츠센터 5층 19호
전화 0505-566-5522 **팩스** 02-6008-1777
메일 jooyongy@daum.net

ISBN 979-11-86358-02-3 13580

* 정가는 책 뒤표지에 있습니다.

> 「이 도서의 국립중앙도서관 출판예정도서목록(CIP)은 서지정보유통지원시스템 홈페이지
> (http://seoji.nl.go.kr)와 국가자료공동목록시스템(http://www.nl.go.kr/kolisnet)에서
> 이용하실 수 있습니다.(CIP제어번호: CIP2015015124)」